Children of the Monsoon

David Jiménez

雨季的孩子

跨國記者的亞洲底層苦難實記

大衛・希門內斯　林品樺 譯

目錄

作者序

給台灣的讀者

大衛・希門內斯

一九九九年首度拜訪台灣之後，我對台灣一直懷著尊仰之心，因此我的書可以與台灣讀者見面，我感到十分榮幸。一九九九年之後，我因為不同原因又來過台灣幾次，很容易就能感受到台灣的人情味、人民的創業精神，以及將國家轉型成為為世界首屈一指的現代社會，所表現的勇氣和決心。台灣有許多令人讚賞的成就，例如人權、民主和社會正義，不需要取決於出生地和所屬的種族就能獲得，即使這些原則都已是普世標準。

在過去的十五年間，我在亞洲之旅中遇見許多人，他們認為這些信條與亞洲的價值觀不符。例如北京的威權政府，否定人們捍衛那所謂的「西方理想」，或是否定人們想要確保普選、不要黑箱作業的要求。台灣已經成為與北京不同的典範。

對於外國人而言，例如我，能輕易地分辨所謂的「民主中國」與其他國家的差異。比方我寫的書在中國無法出版，甚至在最近三年，北京政府也禁止我入境。相較之下，我在台灣毫無疑問地可以自由出入，因此台灣能夠出現我的讀者，閱讀我的書。某種意義上來說，我得向台灣致謝，因為台灣決心成為民主國家，才使得我的作品有機會翻譯成中文，不然我永遠不可能完成以中文出版的願望。

在過去的旅途，我親眼目睹了戰爭、政府對人民的壓迫，以及鄉村的貧窮，在那裏我們習以為常的日常用品對他們來說卻是遙不可及的夢想；還有讓人們失去一切的天然災害，嚴峻的不公不義常發生在他們身上，但我們卻對此保持冷漠，好像這些我們所擁有的權力，他們不配獲得。因此有許多人說我的書讀起來好悲傷，我卻不認為它們是悲傷的故事，只是讀起來有點苦澀罷了。我的書的確有些不同，那是因為它反映了某種我們不忍卒睹的現實，但我不認為它是悲傷的，因為這些主角都別具特色，儘管他們的生存特別需要勇氣，還有許多關乎活下去的人性考驗。這些人的故事應該都是身為記者必須持續報導的工作。如果少了這些堅持，記者將陷入犬儒主義且將失去對人性的信心。戰爭中，總有些不知名的勇士為了創造和平的綠洲在奮戰，保持活下去的希望；窮人中，總有一些充滿理想的利他人士，為了不平等而奮鬥；在那些集權國家，總有些異議人士為了擁有自由之日而努力不懈。

我期待我的讀者們在閱讀的時候可以更堅強，因為這些都是無與倫比、充滿犧牲的故事，還有許多當他們選擇誠實的情景，可能都是特別匱乏或特別需要同情的時候。我相信書裡頭的故事和人物，台灣的讀者們應該都能認同，因為這些人的精神，在台灣努力成為現代化國家的時候也曾出現過。最後請允許我的一點點要求：請努力保有我所崇敬的台灣價值。

推薦序

季節的風，帶來希望

文／伍軒宏（作家）

十位人物，十則報導故事。

都在亞洲，雨季揮灑的區域。

古希臘的亞歷山大大帝，征戰來到亞洲，曾經吃過雨季的苦；兩千年後，越南戰爭時期的現代化美軍，也知道雨季的威力。雨季的孩子，要夠勇敢，要懂得等待，才能存活下來。

我們身處亞洲，未必意識到亞洲。好像聽過本書中類似的故事，卻不想多思索。吳哥窟、布達拉宮、巴米揚河谷、烏蘭巴托，我們可能去過，但不太願意去認識或想像那些地方的人們是怎麼生活的？景點背後的陰暗面是什麼？

以駐亞洲特派員身份為榮的西班牙記者大衛　希門內斯，從他接觸過的十位人物作切入點，讓我們看到在亞洲一些地區，個人生活受到負面政治生態壓制的悲慘遭遇。這些深度報導，暴露亞洲地區舊政權的陳痾，希門內斯語氣沈重，呈現問題，卻未沈痛控訴，只是娓娓道來。他總是希望報導中的十位關切人物，能夠帶來不同。

我說，我們好像聽過類似的故事，卻不想多思索。好像聽過，那是因為在小說和電影裡，相關的呈現已經出現過，我們不應陌生。記憶猶存，但我們沒有放進心裡。

例如，書中描述，馬尼拉市聖安東尼奧區垃圾山的貧民窟，是從馬可仕政權到雅羅育以來，菲律賓社會壓迫、分配不均的具體例證，讓人想到《貧民百萬富翁》中的孟買貧民區達哈維(Dharavi)，和巴西電影《上帝之城》（或譯《無主之城》）的里約貧民區favela。

阿富汗巴米揚河谷的哈札拉族，在塔利班統治下的遭遇，馬上讓我們連到《追風箏的孩子》裡面的人物哈山與他不幸的人生。講到印尼蘇哈托政權，希門內斯提到導演彼得威爾的電影《危險年代》，但蘇哈托下台後，印尼對東帝汶的軍事侵害卻變本加厲，呈現地緣政治的反諷。

柬埔寨「俄國醫院」裡的5歲愛滋小病患的故事，其實襯著巨大歷史陰影，那是完全柬埔寨本土波布政權進行的大屠殺，自己人屠殺自己人的慘劇。那就是電影《殺戮戰場》決心要控訴的，希門內斯說「這是一部描寫柬埔寨屠殺的最好電影」。另外，泰國貧瘠地區出身「泰拳」選手莊無敵的遭遇，讓我們看到熟悉的泰拳儀式與技擊表演背後的血淚。

其他的故事，包括游牧生活正被資本主義改寫的蒙古、堅持北韓打贏韓戰的辛小姐、一胎化之下共產黨嚴格控管的中國。還有香港：以前面臨因為緊閉與中國的邊界而帶來的問題，現在則面臨開放與中國的邊界帶來的新問題。

這幾個故事，在我們生活的東亞區域，也許可以感覺到希門內斯力有未逮，不夠瞭解。書中人物，都是一般人民，受污辱與被損害的，除了一人例外。

西藏領袖達賴喇嘛，是希門內斯書中訪談唯一知名人士。但達賴的確不同凡響：「達賴喇嘛說他骨子裡是個社會主義者，他曾經很崇拜毛澤東，他認為他的平等理念和佛教很像，不過最後他發現共產主義缺乏基礎的本質：憐憫之心。」

憐憫之心，顯然無法解決亞洲的困境，但那是人至少應該要有的。

雨季帶來災難，也帶來孕育的希望。

雨季的不安，季節的風，指向潮流的變化。

雨季過後，總是有無比希望。

推薦序

一本超乎預期的旅遊文學書

文／蘇彩足（台大公共事務研究所所長・台大政治學系教授）

當品樺問我是否可以幫她的譯作《雨季的孩子》寫篇短序時，我沒多加思索就答應了。因為我知道原著獲得2008年西班牙「年度最佳旅遊書籍」(Best Travel Book of the Year)；既是旅遊文學，想必充滿輕鬆愉悅的筆調，這正好給我一個機會，自繁重的教學與研究工作中解脫一下，偷閒拜讀一本快樂的書。

然而，我錯了。《雨季的孩子》完全不是那種可以讓我們一邊悠閒喝咖啡、一邊隨意翻閱並享受午後陽光的旅遊文學書。相反地，它讓讀者陷入沉思，同時還讓讀者交織著許多無奈、難過、氣憤、感動、和深深惜福的複雜情緒。在讀完這本書之後，我的第一個念頭是想把它介紹給我的學生們。因為，我們何其有幸，我們不是雨季的孩子。

作者David Jimenez 以貼近人心的文筆，描述在柬埔寨破舊的醫院裡因感染愛滋病而死亡的五歲小女孩和選擇上吊自殺的媽媽、泰國兒童拳擊訓練營裡那些「活著只是為了在拳擊台上打贏」的八、九歲小拳擊手、每天在垃圾掩埋場裡翻尋微小生存物資的菲律賓小男孩、以及為了逃離「降下的炸彈比雨還多」的戰場而躲在難民營的阿富汗女孩…等等；不同的故事，訴說著不同的悲慘人生。

在字裡行間，可以感受到這些雨季的孩子內心深處的深刻恐懼；持續不斷的天災與人禍，讓他們連最基本的溫飽都成為奢侈的夢想。他們必須赤手空拳對抗殘酷的大自然和腐敗的政治體制，在荒謬又不公平的世界中奮力擠出一點點生存的空間。然而，在他們疲弱的小小身軀裡，卻仍然深藏著「期待明天」的堅毅和希望；這份韌性，讓人感動、敬佩，但也讓人不捨、心痛。

這是一本很好看的旅遊文學書。它沒有帶我們去看光鮮亮麗的觀光景點或是亞洲迅速崛起的經濟奇蹟，但它讓我們看到隱藏在黑暗角落中不屈不撓的人性與生命力。它更讓我們檢視自己，我們是否成長在和平、安逸中，因而遺失了最基本的憐憫之心？我們是否努力防止歷史的憎恨與解不開的心結持續延燒到無辜的下一代身上？而最重要、但也最困難的就是，全球化下的世界，我們有能力集結力量，有效的幫助這些雨季的小孩改寫他們的人生故事嗎？我，沒有答案。

推薦序

眼光

文／程敏淑（作家）

「我們活在一個怎樣的世界？而我們，在這樣的世界當中，又想如何看待這世界，以致於影響我們和這世界互動的方式？」這一直縈繞我心頭的主題，交錯了許多不同層次。

第一個問題是客觀的，但人類知識的演進，總在打破我們原有的認知。換句話說，我們的知識總是部分而零碎的，即便在朝著全知的目標趨近，直到現在我們仍看不到那樣渺茫的可能性。正是因為體認到自己的無知與有限，和了解到不同個體、群體、社會、國家、宗教、文化對人們用來理解世界框架的不同塑造，才會接續衍生出「我怎麼看待世界，又如何與它互動」的問題。

還沒遇上希門內斯之前，我已經因為社會工作的關係，走訪過他筆下的柬埔寨、泰國、菲律賓、中國等地，實地經驗讓我對這些地方的發展議題有了深切的認識，但那經驗卻著實地有著時空上的限制，我總得在象徵性「行萬里路」的旅程結束後，從偏鄉回到城市之際，努力的搜索可得的「萬卷書」，像個偵探般地想透過過去的種種，找到能解釋現況的答案。

就像近年來，國際組織雖報導愛滋病問題在柬埔寨已大幅改善，但當走進地方，看到病痛仍像纏繞波蒂一般威脅著其他孩子時我仍不禁想問：「到底愛滋病是從何時開始，又為什麼會在柬埔寨蔓延？誰該負起最終的責任？不同角色又要如何回應這樣的苦難？」若不全盤了解，所有發展計劃都顯得過於武斷，擺脫不了隔靴搔癢的疑慮。希門內斯的作品就如同那失落的拼圖一角，無疑更完整了我對這世界如何演變到今日局面的認識。各地的貧窮或富足都不是理所當然，從那些有跡可循的脈絡中，或許我們能思忖如何為未來找到更好的道路。

我特別喜歡他透過每個孩子的微觀生命故事，來對宏觀的歷史進行梳理並發出疑問。不論從波蒂的善良、莊無敵的害怕、益喜的勇敢、甚或超君的淡漠，我們都能清楚看見這些孩子的眼光和未來被他們的環境所限制，但當我們看到這些的同時，改變的可能性也因此被開展了。我更感動於他為自己設定的目標，在有機會回到那些國家之時，嘗試去找到曾經採訪過的孩子和家庭，並記錄改變的痕跡。當即時新聞的價值減低之後，那些心上的牽掛他未曾忘懷。他明瞭，真正的發展不在於國家經濟或人民消費水平，而在於這些小人物的生活是否得到最基本的滿足。

你的眼光，現在又關注著什麼呢？

譯者序

看不見的故事

林品樺

根據非政府組織自由之家（Freedom House）的統計，亞太地區有三十九億人口，卻僅有百分之三十九的地區屬於民主與自由，更令人吃驚地是出版自由僅占百分之五。①過往，西方國家認為通過自由選舉所產生的民主政體，會實現憲政自由主義，保護個人權、財產、及政治權利，但卻有愈來愈多的國家在選舉之後，卻實行違反人權、侵犯公民權利的行為，其實這是一種「非自由的民主」②。這些因為民主與經濟發展所產生的矛盾，透過大衛・希門內斯的文字，讓我們從各個不同民主化發展程度的國家，看見了在這些角落裡，每天上演的悲劇，這些悲劇又通常發生在孩子們身上。那是一個我們不會有機會看到的亞洲。

當我們天真地以為造訪過柬埔寨的吳哥窟、摸過西藏布達拉宮的轉經輪、看了一兩場的泰拳，還有跟著一起擠過了香港的地鐵，就以為好像認識了這些國家。大衛卻告訴我們，不是只有這樣！他引領我們從醫院、妓院、計程車、街頭運動的大街、停屍間、邊界，高溫的荒漠以及酷寒的凍土，以一位專業「西方記者」的角度，詳實地記錄了妳我看不見的故事。緊湊的敘事節奏，優美的畫面描述，不凡的採訪經歷，構成了這本無法歸類為小說還是旅遊文學的故事集。

然而，這些孩子們的故事太過真實與殘酷，因此在翻譯的過程裡，總得先硬著心腸，讀完一個接著一個的殘忍故事，最後不得不開始相信：這世界上，有些人即使再努力也無法從貧窮裡翻身，如同被詛咒的洪水一樣。阿根廷革命家切・格瓦拉（Che Quevara）曾說過：「解放者其實並不存在，是人民解放了自己。」因此，造就如此的悲劇，究竟是歷史與地理因素使然，還是自己的選擇？大衛留給我們反思的空間。我們在每個孩子的背後，看見了人性的懦弱與自私，但更令人哀傷的是我們甚至可以想像這些孩子長大的模樣，是否也會成為另一個迫害他人的幫凶？這沒有答案。然而，可以肯定的是，在這些國家裡，如影隨形的雨季恐懼、永遠不確定的未來及對人生渺茫的希望，仍舊不斷上演與輪迴，就像個無解的災難一樣不斷的重複。

我們無從想像，當天上落下的炸彈比雨還要多的時候，究竟是個甚麼樣的國家？讀完這本故事集，我相信每個人或許都會有許多話想說，覺得難過也覺得不捨，但似乎，說甚麼好像都嫌沉重，只能緊緊握著手中、或身邊能夠擁有的什麼，感謝上天，我們活在一個不是只有雨季的國家。

---

① Freedom House.2014. "Asia-Pacific." in http://www.freedomhouse.org/regions/asia-pacific. Latest update 5 November 2014.

② Zakaria, Fareed. 1997. "The Rise of Illiberal Democracy." Foreign Affairs 76(6): 22-43.

獻給卡門

前言

電報室一直是我在《世界報》最喜歡的編輯角落，小小四方天地，讓我忘了自己置身在馬德里最古老的報社總部一樓。我著迷於打字機的噪音，作為一名記者，我總是能信手捻來上千個故事，我想像自己是新聞業的海盜，在絕妙的地方犯難，活在偉大的冒險中。同事瑪麗亞帶著微笑，將這些文章一一分類排序，然後選擇要怎麼安排在報紙上，彷彿在處理速食的訂單：這裡是地震，那裡是某個政客辭職，嗯這些放在國際版，那裡是「緊急」的政變……。

我的老闆們常因為我傲慢無禮的評論，收到讀者寄來的責難，所以就把我送去電報室了，讓我蒐集所有的新聞，如此才能拯救瑪麗亞的休假。我感到很振奮，但不知道電報室裡的資料類型都是戀物癖，所以不知不覺，我就變成荒唐新聞的蒐集者。如果那些部門老闆沒來過這最超寫實的電報室就太可惜了，因為我的辦公室抽屜底層累積了好多資料，例如《在印度，她搞不清楚殺了丈夫還是猴子》、《盲人開車15年未受罰》，還有《當他和母雞做愛時，從懸崖上跌下來》。

電報室的牆上，有著一幅巨大的世界地圖，以及過去的獨家頭版報紙。那是一九九八年的春天，我從蒐集的資料裡找最新的新聞，當我的眼睛停留在那些巨幅頭條前，它宣告著波灣戰爭已經開始了。我忽然有個想法，我覺得在那篇新聞報導裡，沒有將最真實又重要的事情寫出來，我看著這些拼貼出來的國家，以及多彩的阿特拉斯海洋，我找著這些地方的索引，想想有哪些地方沒有特派員，我沒有看美洲、歐洲、非洲和近東地區，這些地方都有人了，我的眼睛從這裡搜尋到那裡，用筆列下哪裡有人，直到最後地圖的某一角，就是那裡，遠東地區，我們報社沒有特派員。

過一會兒我走進執行長的辦公室，不久之後他宣布讓我成為報社在亞洲的特派員。我離開的那晚，打開我的抽屜，裡面放著我收集來的資料，我最後一次寫了一篇報導，最後把它們都丟到垃圾桶。我深信我一定能夠發掘，世界上那些既嚴肅又重要的真實事件。在我啟程前往亞洲的時候，我沒有任何猶疑不安，我不再需要去找那些荒唐的新聞了，而是適切地挖掘一個荒謬又不公平的世界，如同寫下這本書。

雨季的孩子不是、也不需要假裝是一本忠實的亞洲或是亞洲人的群像錄。亞洲幅員廣袤，多元且複雜，可以寫上千篇專欄或是一本書。這幾年我大部分都住在亞洲，人類史上轉變最迅速與成功的地方，我尋找數以億計的窮人，還有向世人展示被留下的苦難。我選擇報導這些無法爬上載滿機會的火車的人，我常借用他們的語氣書寫，因為他們的故事充滿了勇氣與尊嚴，值得我一一寫下。

「我選擇報導這些無法爬上載滿機會的火車的人，常借用他們的語氣，因為他們的故事充滿了勇氣與尊嚴，值得我一一寫下。」——大衛・希門內斯

波蒂

這裡沒有四季，只有雨季和乾季。

我的旅程最後一站停留處，坐落在一片乾涸的大地，如今我卻彷彿置身於超大型的游泳池中。雨水宛如綠色的水彩，潑灑在枯萎的棕櫚與乾燥的稻穀景色上。河流將我帶往南邊——幾個月前，這不是一條泥濘的石頭路嗎？你在乾季時分去別的國度旅行，當你在雨季歸來時，你已經完全不認得此地了。一切都改變了。季節的魔法每年不停地重複，從蘇伊士（Suez）的東邊開始，那裡是一天的起點，由天神決定，是否在這個季節能夠實現夢想。

不過，我還是必須等待，直到下個季節來臨。

亞洲到處都是雨季。人們懷著渴望與恐懼，不耐地等待著。雨季帶來了生命也帶走生命。提早來臨的雨季可以讓緬甸叢林中的軍隊停止攻擊，或是來遲，將帶給數百萬印度農民飢荒。一個達卡的拉車師傅對我說，「可能大地運轉的那一天，來自孟加拉（Bangladesh）的代表睡過頭了吧。」「他們只給我們剩下的。」師傅沮喪地這麼跟我說。將近三分之一個世紀，幾乎每年都出現懲罰性大水，淹沒了國界，彷彿不曾存在過界線。對軍人而言，捍衛家園是件複雜的事情，他們搞不清楚邊境的起點與終點。水下的界線將他們分隔開來，他們有時感到困惑，一艘載滿士兵從鄰國而來的船，懷著入侵的敵意，艱難地漂浮著。他們究竟站在鄰國那邊，還是我們這邊？我們應該幫他們，還是槍殺他們？

季節的魔法扯斷了湄公河（Mekong）的把戲。「魔鬼記憶的河流」源起西藏，牧羊人相信，那裡有一條威猛的龍守護著源頭，確保它源遠流長，就如同住在沿岸邊的人們的血脈一樣重要。失去它，生命將無以為繼。離開中國之後，河流的路徑開始有些模糊，如同拿鐵的顏色，源頭變得多重且無止盡，或許是要掩蓋舊時的叛亂，殖民的暴行與破壞力極強的戰爭已殘害了這裡的人們。河流蜿蜒流經叢林與村落，穿越緬甸與泰國邊界，經過寮國與柬埔寨，最後在越南逝去。

洞里薩湖（Tonlé Sap）由湄公河的支流形成，之後河水再由西南方流向柬埔寨，那裡不常下雨，但在雨季時，水面驟升水道逆轉，又往北逆流回洞里薩湖。只有等待雨停時，才會行經正常河道流往南中國海。湄公河的轉向宛如一個奇蹟，人們舉行大型慶典和施放煙火慶祝，這同樣也代表著結婚季節的來臨。

人們的心騷動，媒人從這城仲介婚姻到別城，獲得微薄酬金，交易是根據家庭與求婚者之間所交涉後的米袋數量。村里中的老人說，這一直都是這裡的傳統，應該被尊重，但是在柬埔寨鄉村，永不消失的傳統是貧窮，因此愛情淪為有價的財產，也是唯一的財產，只有傻瓜才會把它送人。

龔泰與竇叟崗打破了這樣的規則，將之送人。龔泰是個骨瘦如柴的男人，牙齒爛光光又都是菸漬，頭髮髒亂，有一個太太和四個小孩，從以前到現在過著不算順遂的生活。他過得最好的那一年就是他離開務農的生活沒再回來家鄉，至於她的太太叟崗，在村裡曾經追求者眾，有著高聳的顴骨，柔軟的嘴唇，黑溜的頭髮。她原本應該嫁給村子裡擁有一畦田地和半打動物的人，但她不顧家中反對她所選擇的男人，家裡說這只會一無所有並且引起災難。叟崗與龔泰決定拋下雨季的人生，不願等待每年來遲的雨，甚至希望在村裡對他們感到憤怒的那幾年時，雨季永遠不再來。他們在靠近越南邊界的柴珍省（Svay Rieng）的這座小村莊，一起挑戰所有人、所有的事情，最後離開這裡，帶著難以實現的夢想前往首都。

在金邊，他們發現所有住宿的地方充斥著外來客，都有一樣的景觀：一間房、一張搖搖晃晃的床、一扇窗以及無數隻老鼠，一天一美金。叟崗平日家管，龔泰去拉車。你可以猜到在那個時候，城市裡有多少人在拉車。有多少輛拉車，這個國家就有多窮。當龔泰在90年代開始他的新工作時，金邊有上千台三輪車，從鄉村來的農人、還保有雙腿的退伍軍人、瘋子以及各式各樣不幸的人，拉著車子不停穿梭。柬埔寨在這十年之間被入侵、轟炸、內戰以及波布大屠殺弄得支離破碎。柬埔寨的人仍無所知，當他們開始復原舊時的傷口，一場新的、無聲的悲劇，打擊著柬埔寨城市的心。愛滋病悄悄地溜進他們的生活，侵入那些想要從深度悲慘國度中努力爬出來的人。

叟崗永遠不明白那個骨瘦如柴、懦弱的男人，曾經承諾要給她在城裡新生活的人，在一天吃力的、艱困的生活後，竟然走去11公里遠外，城市的邊緣——斯外巴格（Svay Pak）妓院，花掉一天掙的錢。然而後悔已經太遲。她赤裸地躺在金邊俄國醫院的三樓床上，無比虛弱，她不再認得自己的身體，她太孱弱以致無法假裝有禮待人。年輕的女人眼睜睜地看著她的美麗流逝，如同水彩般的雨水將之帶走。她的胸部已經萎縮而且消失，她的面容枯槁，越來越瘦，聲音越來越無力，整晚低嚎。她不記得最後一次照鏡子是何時，當我看見她凌亂地躺在搖晃的床上，動也不動，我站在門邊有點遲疑，我想她還活著嗎？還是已經死了？她只剩下一身的骨頭，上面有著一層薄薄的皮膚，當他們移動她時，不小心滑落她的身體，只見到懶散地、壞掉的，光禿禿的骨架。

應該是龔泰將愛滋病傳染進屋子，因為他們的女兒波蒂是愛滋病帶原者。

那裡有一只老舊的皮箱，放在床下，那是母親和女兒一起共用俄國醫院的床，皮箱就像是擦著香水的老業務員會帶著的那種皮箱，四方形，咖啡色的人工皮，四個角有金屬片，些微受損，她們所有的一切只有這只皮箱。裡頭有波蒂的粉紅色洋裝、媽媽的藍色洋裝；波蒂的一雙漆皮皮鞋、媽媽的拖鞋；波蒂的耳環，媽媽的耳環，波蒂的小小牙刷，另一隻大的牙刷是媽媽的。

叟崗當初一直拒絕去醫院，揣想著何時可以死去，反正生死無異。無論如何，每天她都沒有力氣移動，因此永遠都是明天再去，明天明天明天……只有當她發現女兒臉上皮膚的病變時，就像她一開始曾經在她身上預警過的，她鼓起剩下的力氣，用盡所有的憤怒瞪著她的丈夫，要求將他們一起帶去醫院。「你和我可能明天就死了，也許死對我們是解脫，你把拉車的錢花在斯外巴格妓院，但為什麼是波蒂來承擔你的錯？不准再躺在我旁邊。醫生說愛滋病無法經由食物或水感染，只有經由疾病才會傳染，就是那些你做的骯髒事。」叟崗說著。

龔泰拉車將他們載到家門的15公里外，離開那個只有一張搖搖晃晃的床、一扇窗、許多老師以及每日房租一美金的家，他的女兒和老婆，在醫院路上，坐在黃包車上緊緊抓著那只皮箱，不斷哭著。在醫院等了四個鐘頭，夜晚來臨，護士喊了他們，開始進行入院手續。醫院的卡上寫著日期：

8月22日晚上8點

姓名：竇叟崗

年齡：27歲

症狀：皮膚病變。反胃。嘔吐。體重過輕。咳嗽。潰瘍。

體重：28公斤

診斷：愛滋病末期

姓名：龔波蒂

年齡：5歲

徵狀：皮膚病變。噁心。掉髮。

體重：17公斤

診斷：（疑似）愛滋病

叟崗在被詢問性經驗時感到害羞，她辯解說不曾當過妓女。她唯一的性經驗對象就是黃包車拉夫。即使在當時有許多家庭主婦從先生那裡受到感染，然而醫生診斷任何女人得愛滋病，在病歷上都寫因為她們是妓女。愛滋病是個妓女的疾病，不是一個路人甲拜訪他們而傳染的疾病。

終於，護士詢問她們是否有家屬，這很重要，護士強調說父母如果比女兒早過世，讓她變成孤兒，如同你我所熟悉的場景，在那些案例當中，也是唯一的解決方式，醫院會將她帶回她原本所屬的村莊，例如祖父母、叔叔或是表親，應該願意照顧一個孩子。

家屬：無

家屬：無

柬埔寨稱呼施亞努那間醫院叫做「俄國醫院」，因為是由莫斯科蘇聯時期出資，愛滋病病房與醫院的其他部分隔開，也是唯一需要從預算提供病人食物的病房。其他病房，病人的家屬負責提供食物，但在這裡因為大部分的病人沒有家人，所以醫院必須負責給她們東西吃。在撥出一些資金來彌補工作的不便之後，會計師會嚴格地分配剩餘。這個月每個病人一天要付12分（cents），會計師說，這已經綽綽有餘，因為愛滋病病患通常食慾不佳，所以也不需要常餵食。也不太需要好好對待他們，反正他們也不會被治療。醫生都很怕被感染，而護士賺取微薄薪水，比一天12分還少，醫生只需要看每天病患是否有變化，如果那天沒有其他更好的事情要做的話。那裡就像是墳墓的接待室，病患期待早死，不要麻煩任何人。

我等叟崗自己一邊移動，一邊確認自己是不是還活著，才走進去房間。我的第一個問題：還好嗎？很蠢的問題，她回答地很吃力，幾乎是用喊的。在這個地方眼淚意義深遠，因為這裡的人很少哭。在搖籃的時候，孩子們就被教導哭無濟於事。叟崗示意我可以靠過來一些。

「那個女孩」，她咕噥地說，扳著我的脖子，「沒有人會想要照顧她的。她有愛滋病，你懂嗎？她甚麼人都沒有！」

波蒂過不久就進來了，擦乾她母親臉上的淚，遞給她一杯水，在她母親腳邊蹦蹦跳跳。她壓著掌心放在胸前，以傳統的柬埔寨禮儀向我行禮。

「你是從美國來的外國人嗎？」她問。

不像她的母親，她的眼裡有光閃耀著。在一個冗長又乏味的下午，當所有的一切都已經解體，當這些病人都意識到他們都是孤獨的，他們將以同樣的方式離開病房，就如同他們如何到來，甚麼都沒有。波蒂穿上她粉紅色的洋裝，從這間房走去另外一間房，跳著舞，把食物帶給其他病人，告訴她們說，沒錯，我也得了一樣的愛滋病，沒有甚麼好擔心的，因為在醫院裡大家都很安全。如果某個人房間空了，波蒂會想也許這個病人已經好了，所以回家了。也許她重複著這樣的謊言，就像她媽媽也曾經這樣告訴過她，可以讓其他病人覺得安慰。沒人說得準，但是大家懷疑也許波蒂知道她們已經沒有希望了。她看到護士將屍體移走，聞到屍體的臭味，一次次從走廊上跌落，聽見其他母親哭泣痛失自己的女兒。但是所有的人都假裝相信她能活下來，只要可以確認她每天都可以拜訪他們。病痛讓女孩更堅強，卻讓其他病患更脆弱了。一開始死亡的確立，使他們拒絕靠在一起，但是當最後的一程即將開始，他們依偎著，儘管可能會有微小的傳染。他們從走廊那邊喚波蒂的名字，問她是不是可以陪他們聊聊天，他們吵著想要她多留一會兒。太難置信了，難道這間俄國醫院就是這個五歲女孩生命最後的盡頭。

波蒂在醫院的時候都會照顧她的媽媽，幫她煮飯，幫她洗衣服，幫她穿上衣服。她的爸爸，龔泰，偶爾會來，帶一袋芒果給她們當作晚餐，等波蒂入睡以後，和她母親僅存的身體性交。小惇，一個年輕的柬埔寨女人，有著軟腔語調和一頭長髮，在醫院一樓當護士，像是詛咒高棉般地在走廊罵著龔泰。

「他看起來病很重，所以妓院不讓他進入。」小惇說，她的甜美瞬間有著怒意。「所以他來這裡睡他的老婆，即使她根本都無法站了。她讓他這麼做而沒有拒絕，因為這就是柬埔寨女人的命運。」

小惇的牆上有一幅畫，是過世的孩子送的。當她接受「國際朋友」這個非營利組織的工作，小惇以為這只是一份工作罷了。但是她持續地撿起破碎的心，她決定為了波蒂奮鬥到最後，希望最新的愛滋病藥物能夠到達柬埔寨，然後治癒她。每周她帶著波蒂到金邊的坤塔帕花兒童醫院（Kantha Bopha Hospital），去找Beat Richner醫生。他是一位瑞士醫生，也是唯一能給她維他命，促進她免疫系統並且防止其他感染。每兩周小惇和波蒂坐上拉車，穿過城去Richner醫生的醫院。波蒂喜歡這段路途，她向在路上的人招手，並且在回俄國醫院之前買些糖果吃。

「那裡的人就像你一樣。」她跟我說。

「像我一樣？」

「對啊，外國人啊！有著大大的鼻子！」

當我必須離開的時候，波蒂問我是不是還會回來。我其實不知道怎麼回答，但是我保證在往北邊國家的旅行結束之後，飛往香港之前，會再來看她。五天之後我再一次出現在三樓，叟崗仍躺在她的床上，是生？是死？但是波蒂不在她身邊。不久之後她出現了，和其他小朋友從樓上下來，邊跑邊叫，好不熱鬧，「別跑，別跑，我們要抓到妳了！」有一天，小惇看見小女孩悲傷地望著鏡中的自己，決定帶著她去美髮院，讓她剪頭髮也解決了掉髮問題。就是那一天，小惇和波蒂已經密不可分。

當她跑向我，我舉起相機拍了一張波蒂的照片。但是她站在有點遠的地方，她用手遮住眼睛。

「等等」她說，「讓我穿上我的粉紅色洋裝！」

她走進她母親躺的那張床的房間，拉出那個業務員的皮箱，找出那套皺巴巴的洋裝，特別場合才穿的洋裝，高舉過她的頭，小心地穿上洋裝，動動肩膀調整一下。最後她鞠個躬，退後說：「好了！」

幾年過去，我帶著手中這張的照片，這張要求穿上粉紅色洋裝的照片，我回到這塊地方，希望那些在西方已經治癒許多人的藥物已經及時抵達，能夠拯救波蒂和這個國家的其他人，這些從過去到現在已經被背叛太多次的人。

國家的命運太常被漠視了，完全由世界上其他國家所決定。這裡的人在出生時就已經被決定命運，經由命運與環境一連串的安排，即使他們嘗試改變卻也無濟於事。他們的命運由政客所決定，政客決定他們的命運，即使不曾來過。這些領導人，不了解幾百公里遠之外的人的情況，或者設身處地為他們著想，他們從未想過在舒適辦公室的幾千里之外，他們所決定的行動會有甚麼後果。柬埔寨就是這樣的國家，住著被竊取命運的人們。

一開始柬埔寨的命運是由美國插手決定，美國支持諾羅敦·施亞努（Norodom Sihanouk）王子的政變，在鄉村投擲炸彈，越戰的時候摧毀游擊隊的營地。美國攻擊由桑洛撒（Soloth Sar）所代表領導的上千名共產黨游擊隊，歷史教科書上記載，他成為二十世紀最偉大的大屠殺兇手，別名波布（Pol Pot）。一九七五年在金邊獲得勝利，受到厭戰民眾的歡呼，他宣布一九七五年是元年，一切事物的起點，開始將國家變成無產階級的天堂。城市的人們被送去鄉村，鄉村經濟開始被從中國帶來的毛澤東模式所瓦解破壞，柬埔寨的意識形態開始被整肅。錢幣、郵件和報紙都被禁止，受大學教育，說外語，戴眼鏡，或是穿著不整，都足以成為被送往勞改營的理由。根據波布的說法，只有純淨的農民才能夠實現他的革命夢想，烏衫黨（Angkar），這個有組織的政黨，掌握國家大權，向每個人散布的標語很簡單：「留下你沒有好處，摧毀你沒有損失。」

上千名孩童被帶去共產再教育營，用仇恨訓練他們，招募他們服從制度，不停測試他們的忠誠，例如逼迫他們處決自己的親人。全國大約有一百七十萬人死亡，創下種族屠殺的速度和效率的紀錄。那時柬埔寨只剩下七百萬人，紅色高棉掌權三年八個月又二十天。甚至當我現在造訪柬埔寨，我嘗試做一個測驗，從未失手，結果也不讓我感到意外，我隨機挑選一個人，像是旅館的接待員，餐廳服務生，相片行裡的女店員，我問他們關於大屠殺的歷史，每個人都有自己的故事可以說：家裡至少有一個人在監獄裡死亡，兒子失蹤，處決的記憶，勞改營裡面長期的飢餓及被虐。柬埔寨的大屠殺，不像過去或在這之後發生的屠殺，不像猶太人大屠殺或是盧安達屠殺，不是一種直接對於宗教的、民族主義或是明確團體的對抗，是柬埔寨人自己屠殺自己人，兄弟相殘，朋友互殘，只因為理念不同無法互相理解。也許到目前也無法明白。

一九七八年越南軍隊的入侵，波布的瘋狂終於停止，但是另一個痛苦的占領又開始了。中國與美國以不同的理由支持波布的游擊兵。他們使內戰爆發，並且讓烏衫黨又回來了。歷史上最著名的犬儒主義，就是柬埔寨那紅色高棉的大旗，萬人塚的標誌，仍舊在聯合國紐約總部入口上飄搖。對西方大國而言，和魔鬼交易沒有甚麼好奇怪的，他們敵人（越南）的敵人是他們的朋友，即使他引起亞洲的大屠殺。一九六一年建立了脆弱的和平，不久之後，聯合國柬埔寨過渡時期權力機構（UNTAC）的二萬二千名士兵以及官員，開始在首都的街上巡邏。柬埔寨人不相信他們運氣降臨。這是真的嗎？這麼多人從大老遠跑來幫助他們？

外國軍隊來到柬埔寨第一件事情，就是為他們的軍營蓋一間妓院。從貧窮的鄰村找來年輕的女人，這些女人為了能拯救家庭脫貧而接受金錢。聯合國柬埔寨過渡時期權力機構，逐漸地拓展妓院的網絡，每一個單位都想要有屬於自己的妓院，這個機構有超過三十個國家，從卡麥隆到紐西蘭，從保加利亞到美國，士兵之間展現情誼的方式，就是邀請盟國來試試看他們國家的妓院。士兵、警察和聯合國官員喝醉了，在酒吧裡鬥毆，在寺廟裡便溺，污辱柬埔寨人，享受治外法權。也許有人來這裡充滿抱負，但他們最終的行動不免淪為馬戲團。每個人都喜歡享樂，如果你想找個享樂之處又不用為後果負責，歡迎來到支離破碎的柬埔寨。

當外國軍隊帶著美金到來時，消息便會很快傳進村落，這些家庭便開始拜訪各駐紮基地送上自己的女兒。如果一個人已經沒有任何價值了，至少應該還有所謂的尊嚴，但是，尊嚴是有價的。當我第一次到柬埔寨，走在金邊的路上，我手邊一直有個女人帶著她的女兒。她女兒最多不過十三歲。

「10美元。」當她舉起她的女兒對我這麼說。

我想她應該是要一點捐款，但是她媽媽在大街上把她女兒還沒發育的胸部掀開，不停地對我說：「先生，10美元，她就是你的了。」

聯合國的部隊在柬埔寨，只是繼續這種賣淫的傳統，在結束越戰之前，美國大兵的睪酮素從泰國芭達雅的鄉村就開始分泌。當然賣淫在各地都存在著，但是大兵們不停地開發建立起性產業基地，年輕女人願意進入這個產業的數量也急速上升，當她們收拾好粗布袋，便開始在基地待了很長一段時間。

今日這個產業急速擴充，需要持續有新的年輕女人供應，如果超過二十二歲就會被視為「陳年老貨」，必須從市場上退休，被別人取代。這些年，在我的旅程，我看過在亞洲的迪斯可舞廳前，如何不停交易。我曾看過有小女生在商店外面乞討，過了幾年之後她就變成出賣自己身體的人。我特別記得有個聾啞女生，在胡志明市一間流行的夜總會，叫做現代啟示錄，她在外面賣花，第一次我遇見她時，她才十歲。每年她都長高一些，之後她就不在入口處賣花了。我發現她在舞廳裡，穿著丹寧布做的迷你裙，黃色的胸罩，後背有刺青，手上拿根香菸，另隻手拿瓶啤酒。一位觀光客將手繞在她的腰上，用啤酒肚壓著她，小小的賣花女生靜默地賣著自己的夜晚，對男人假裝熱情，即使無法說甚麼，不過事實上，不管身邊是誰，她也沒有甚麼好說。

聯合國的士兵到了柬埔寨的所作所為，和其他地方不同之處在於，這裡是多國軍力一起，每天在熱帶地區夜夜笙歌，把從非洲國家感染的愛滋病帶入。病毒迅速在柬埔寨女性蔓延，她們出入軍營，緊接著傳染給她們的男友、朋友和整座村莊。數以千計的年輕女性為了家計到大城市賺錢，這些疾病被隱藏不只是因為為了工作必須保存秘密，而是因為根本沒有人聽過這樣的疾病。對這些女性而言，最大的恥辱不是出賣自己的身體，而是兩手空空的回家，使她們無法支付年輕弟妹的學費。人們可以分辨哪些家庭把女兒送去當妓女，並且已存夠錢，因為他們住在水泥牆的房子裡，甚至有電力供應，這是成功的象徵，鼓舞著年輕一代去試試看運氣。

在金邊的坤塔帕花兒童醫院（Kantha Bopha Hospital），Richner醫生是第一位在一九九三年發現愛滋病的醫生，愛滋病病毒在柬埔寨蔓延開來。瑞士籍的醫生早在一九七四年就來到柬埔寨，那時他才二十幾歲，並且志願留在坤塔帕花兒童醫院（Kantha Bopha Hospital）工作。當紅色高棉掌權的時候他被迫逃離，直到一九九一年才再度回來，在一片廢墟之中建立自己的醫院，他決定留下並且重建醫院。那時他會在惡魔記憶的河流旁，拉著大提琴，向全世界募款，輪流在柬埔寨服務的三間醫院照顧病童。Richner醫生總喜歡這麼說：「柬埔寨就像另一艘鐵達尼號。」同時三等艙的乘客被鎖住，好讓頭等艙的乘客可以先被救起。

不久後，Richner醫生發現愛滋病和軍人有關，他決定聯絡聯合國總部，讓他們了解這狀況。在許多場合他要求並且逼迫這些士兵使用保險套，要求他們都去篩檢是否帶有病毒。行動指揮官明石康（Yasushi Akashi）回復，關於這些士兵的行為非常合理：「他們離家太遠了，有權在這裡享點樂子。」他的回答簡而言之：「男孩就是男孩。」一九九一年在聯合國史上花費最多的行動軍隊來臨前，柬埔寨衛生當局，只發現一起愛滋病病例。二十世紀的最後這十年，卻有百分之四的人口感染。每天有二百個人以上感染，柬埔寨已經成為亞洲愛滋病流行最多的國家，同時在城裡的雛妓有上千名。這時，士兵已經消失了，觀光客和當地人，拿起指揮棒成為東南亞性產業最新的消費者。

同樣地，無止盡的需求。

在金邊，讓波蒂被帶進俄國醫院的愛滋病，已經變成政客的錯。她的未來由一連串的錯誤所決定，有兩個最主要的錯誤，一個是那些擁有柬埔寨信任的人，帶著拯救國家的任務而來，卻留下死亡的遺產給他們。另一個是一個男人在工作之後，拉著車去斯外巴格的妓院。

我第一次聽到斯外巴格是從維奇那兒，他是我在柬埔寨形影不離的導遊，那時是一九九八年我第一次在金邊的王子飯店外面見到他。今日，幾年過去了，我想不起來金邊機場的樣子，記憶中有他的笑臉，當他清開擋在入口的群眾，反正他們根本沒在等人，又出於好奇把門口弄成一團亂，因為他們沒事做。我聽到他用英文說，「歡迎！大衛先生！」

維奇充滿勇氣與意志力量的故事，屬於你常聽見的故事種類之一，特別是在那些失去自由的國家。當他還是個小男孩，已經像龔泰一樣拉著車拉了七年，慢慢地存了錢買摩托車，他常這樣在城市裡載著乘客，當他開始可以借錢買車的時候，他變成計程車司機。雖然一天工作十五小時，卻投資他的錢在學習英文，他現在說的英文，搞不好已經比不會說英文的其他外國人還好了。他結束英文課之後，他開始學中文，他說因為未來的希望是中國，而且現在滿坑滿谷都是中國人。

那天維奇提到斯外巴格，他請飯店打電話給我說他會晚一點到，因為有一名顧客在「雞場」拖太久。

「那裡有養雞？」我問。

「先生，沒有。」維奇說著便笑了。「雞就是女孩，你懂吧。」

隔天我們到十一公里遠外的斯外巴格，在入口處就有好大的招牌歡迎顧客，用八種不同的語言：「我們歡迎安全的性行為，請使用保險套。」村子裡每棟房子都是妓院。當我們在街上走的時候，每道滑門內都有隱密的房間，在旁邊開著的店，年輕女生站在門邊假裝成女人。他們彷彿都沒有經歷過青春期，用腥紅的顏色塗抹臉蛋，穿上煽情的衣服，每個人都搖曳生姿地站在路邊吆呼客人，用那句唯一會的英文：「嘿！先生，先生，來一下嘛！好好玩的！」

很久以前，斯外巴格是柬埔寨唯一一個可以抹去殘酷社會差異的地方。窮的、有錢的，國外的、當地的，帥的、醜的，高的、矮的，都共享著昏暗的房間，和皮條客交涉，溢於言表又飢渴地看著女孩站在路邊，然後選了他最喜歡的走。老闆根據客人調整價錢，他們樂於接受像龔泰這樣的客人給三美金，然後選了二十二歲的陳年老貨，也可以接受西方和其他亞洲人出五百美金，要求帶走「純正的處女」，要求她們去做當中沒有人曾經做過的處女膜重建手術。

柬埔寨現在充斥著許多敗德的行為，大家都可以接受。金邊成為罪犯逃難的避風港，殺手、皮條客、傭兵，還有那些有著中年危機的已婚男人。他們急著想要逃離到某個地方，不想因為所做的事情受到責備。破碎的國家是最好的良藥。在餐廳，他們對待你如同總理，只因為你是白人，在你的國家美女根本不看你一眼，也不會在街上對你笑。這裡對當地人來說是地獄，對你來說是天堂。世界上遊手好閒的人在這裡發現他們的遊樂場。他們稱呼這裡是斯外巴格性天堂島，因為在妓院裡，無論多悖德，一切都合法，除了當警察、官員和政治領袖在執法的時候，一切都等他們離開再重新開始。之後斯外巴格開始流行迪士尼的遊戲戰爭，靠近機場旁邊的柬埔寨士兵準備好射擊，你可以在那裡投擲手榴彈，或者付點錢拿AK-47對著牛群掃射。在波特蘭，叟佛和薇這對愉快的柬埔寨夫妻，一起開著餐廳，在河邊賣快樂草藥披薩，披薩賣「快樂」和「非常快樂」兩種口味，完全根據在麵包皮上加多少大麻。

「客人通常會回頭光顧」，叟佛笑著跟我說，那天她的披薩在我睡午覺的時候送到我的飯店。

維奇如往常在機場等我，從我上次造訪之後，幾年過去了，離我在俄國醫院看到波蒂應該也有四年了。去旅館的路上，維奇告訴我最新消息，在佛寺隱居五年之後，他的媽媽回家了，當他媽媽發現她老公跟比自己年輕的女人在一起之後，她就消失了。現在她回來了，她要維奇娶她朋友的女兒為妻，她還有相當不錯的嫁妝：六百五十元美金。

「在和我爸結束那場婚姻災難後，我沒辦法拒絕她幫我找老婆，所以我答應了。現在我有家庭了。」

每兩個或三個月，維奇和她的太太，以及剛出生的兒子，會坐上計程車，找地方住。他們發現可以住的房子就搬進去住，然後認命地等待老鼠大軍，他們堵住所有的洞，放老鼠藥，但是維奇想這可能是囓齒動物的美食，因為老鼠總是會越來越多，他買越多藥，賣他藥的人賺越多。當老鼠越來越多，他和太太兒子，又會回到車上，穿過大街小巷，尋找別的棲身之處：搖晃的床、電風扇、一扇窗、一堆老鼠，然後一天住宿一美金。

看著維奇努力地過著沒有滋味的生活，努力脫貧，不免令我哀傷，這讓我感到天賦人權的失敗。如果我們一開始可以允許期待成功，只有當我們投資自己的榮耀和精力在我們不可能達到的目標，我們才會感到挫折。對在農村生活的農民來說，他們只求豐收和女兒十六歲之前有好歸宿，就像柬埔寨裡面所有窮苦人一樣。但是像維奇這樣的人來說更苦，他是少數民族，具備優良的工作倫理、聰明、企業家精神以及如果在別的充滿機會的國家，都有可能讓他成功的契機，但是這個國家沒有提供機會，這裡人命不值。在柬埔寨，你申請在政府裡工作，但這個職位通常會給其他職員的表親。貪腐系統是如此根深柢固，而且普遍被接受，你可以輕易地發現哪些地方是總理媽媽居住的地方，因為只有那裡的路是平的。

接下來到這個月的最後一天，是柬埔寨的紀念日。維奇要送點甚麼給老師，好讓兒子不會被老師打，還要送點甚麼給公營事業的人，好讓周六晚上才不會被斷電，還要給機場警衛，這樣他才可以在機場排班。沿著毛主席路上的洲際飯店，我們被警察盤查，他想要看我們的車子。

「他們在找非法的武器。」維奇解釋，「如果警察發現槍，會把它賣到黑市。槍的前一個擁有者假設想要買隻新的槍，會再去黑市，去看起來不一樣的攤位，挑選他喜歡的槍，通常發現跟他以前買的一樣。」然後買的人會說「哇！那是我的槍，這怎麼會在這裡？然後他又買了，直到警察又來這裡檢查他的車子……」

維奇將這團混亂以特別的黑色幽默帶過，還和其他柬埔寨人分享，後來我懂了這是絕望的解藥。但是維奇這次來接我，卻是我從沒看過的樣子：他逆水而上的精力已經下滑，他的幽默變得苦澀，接著他停下車。「看到那艘警艇了嗎？」他說，「那裡二十四小時都可以發現絕望的年輕女性跳河，這些人把自己賣入妓院。或者是其他計程車司機像我一樣，到這個月月底都無法過活，人們決定投河自殺，政府覺得這樣很糟，所以警艇匆忙地穿梭，在你掉下去之前趕快把你救起來，把你帶回原來的生活。可是我們根本不想活下去了。」

那天晚上我們去金邊的外籍記者俱樂部，那是一棟殖民風格的建築，你可以看到在那部由馬爾科維奇（John Malkovich）主演的電影——萬人塚（The Killing Fields）裡面，擔任攝影師的拉寇夫（Al Rockoff）在裡面跑來跑去，這是一部描寫柬埔寨大屠殺的最好電影。往窗外看可以看見河上波光粼粼，漁船往下流去，雨停之後又往南中國海流去。

路上我們追憶著過去曾讓維奇協助我寫下的冒險經過，例如那次在俄國醫院。我給他看波蒂的照片。

「喔我記得她，」維奇說。「她是個特別的小女孩，我那天其實不想進去醫院，我嚇死了，我不知道愛滋病是不是會經由空氣傳染。現在大家都知道你在開槍之前必須戴套子。我們柬埔寨人要戴上兩個，因為很廉價品質很差，很容易破掉。」

「她後來呢？」

「我沒有再回去過醫院，她可能已經死了。你知道這個國家是個屎坑，那一天我兒子得了登革熱。他幾乎要死了因為沒有醫院要給他開藥，除非我願意多付點錢。我穿上唯一的夾克，假裝自己很有錢，他們才願意讓我進去急診病房。我們現在談的還是公立醫院喔，除非你去瑞士醫生那邊，不然你的小孩沒有人會幫你照顧，就死掉了。」

「我們明天去看看她吧。」

「誰？」

「那個穿粉紅色洋裝的小女生。」

我來來去去許多次，總是匆忙，到了很多地方，好像我從未出現過一樣。我在亞洲當記者的第一年，過得很快，常常急躁地想去看很多新地方，發現衝突，翻閱檔案，在我的護照上蓋上不同的章。我這周應該是從日本開始，巴基斯坦結束，禮拜一描述一個五歲小孩在孟加拉打破岩石，禮拜五討論香港最新的股票行情。這些年，匆忙的記者人生，到一個地方，剽竊人們的故事，再繼續往前走，沒有停止的一天。我開始從筆記本裡翻找，重新閱讀過去的故事，發現回來的喜悅，停留在這裡，平靜地在當地生活，想想自己到底是誰，找出人們到底曾發生過甚麼事，那些我曾經寫過的，而最後結局又是甚麼。波蒂最後到底怎麼樣了？如果我真的在乎，如果我曾在別處想到她，我怎麼還沒有為她做任何事。這些年過去，下次我在這裡，我告訴自己，下一年，明天明天明天……

當我們到俄國醫院的那天，下著雨。有幾個病人倒在大廳死掉了。一個死者離開，新的又來了。我們走上三樓，在穿堂看見護士。護士說不記得照片中的小女孩，她才剛來這裡工作不久。我們走向大廳的盡頭，又走下樓，幼兒園的孤兒待在遺忘的角落。小惇雙腿交叉靠著牆，讀著兩個愛滋病孩童的病歷，我們坐在她旁邊，她發現我們，看了一眼又繼續讀病歷，讀完的時候，我拿出口袋裡的照片，那是我遇到波蒂的第一天拍下的，給她看。

「波蒂兒……」小惇說，盯著照片。

她安靜了幾秒之後，把頭靠在牆上，眼睛濕潤，當她閉上眼睛的時候，眼淚滑落到她的頸間。

「她死了。」小惇哽咽地說。

抗逆轉病毒的藥可以救治愛滋病患，就如同Richneer醫生曾經描述過的那些在鐵達尼號上層甲板的病患，這些藥到達不了柬埔寨的第三層乘客那裏。在俄國醫院沒有人願意救這些病患，沒有大型的跨國製藥廠，沒有那些曾經摧毀過這個國家的外國政府，更不用提當地政府，有個住在全東南亞最大豪宅的總理的政府，有坦克護衛著。波蒂的藥始終等不到。

小惇持續帶著波蒂給Richner醫生的醫院看診，看了幾個月，一大早六點就來排隊，等待維他命讓免疫系統可以運作。每一件事情都很好，直到小惇必須回老家去個幾周，小惇不在的時候，醫院沒有人願意帶她去給瑞士醫生看病，小女孩停止吃藥，就變得虛弱，依舊照顧著她的媽媽，無視於自己的病情。當小惇回來的時候，一切都太遲了。波蒂死在染上肺結核的叟崗身旁。她小小的身軀長滿瘡，就像她媽媽開始惡化時候的那個樣子。小惇從走廊上走下來，對著護士大叫，教訓她唯一發現正在當班的醫生。

「你沒辦法帶她去嗎？你一定要讓她這樣死掉嗎？你根本不在乎其他病人……」

很難相信波蒂比她的媽媽還要早死，我曾經見過她們兩個，一個充滿生命的喜悅，一個等待日子早點結束，這兩個衝突的願望卻困住了。龔泰，這個父親，已經不再帶芒果來或是溜上床性交，每個人都想他已經死了，也不想再提起他。叟崗對這個拉車的，不再懷著任何溫暖的感覺，但是當他停止在醫院出現的時候，她了解他的消失讓波蒂在世上，顯得更渺小，讓她自己生不如死。也許這是為什麼在幾周之後，她選擇上吊自殺。

波蒂在最後一刻，眼裡的光逐漸變得晦暗，她更加確信俄國醫院的病人如果消失了其實不是去任何地方。她的胸部變成黑色的瘡，她恐懼地四處張望，只看到她的媽媽。波蒂和叟崗疊在一起，躺在那張搖晃的床上，他們人生中最後幾個月的家。畫面慢慢地淡出。柬埔寨的人，從來都不可能成為他們命運的主人，就像最後幾個月，叟崗還比她女兒多活了一些日子，她們離世的時間錯置了，如同雨季，又將惡魔記憶的河道再度逆流。

莊無敵

我對瑪莎說慢一點，這樣會要了我們的命。

「別擔心。」她平靜地笑著說，她在炸香蕉小販、曼谷的電動三輪車前，開著自己的計程車來個大迴轉。「如果壞事註定會發生，它就會發生。」

「所以闖紅燈沒有關係嗎？」我問。「如果我們時間還沒到，我們慢一點也沒關係吧。」

「他會保佑我們。」她說。指著掛在後視鏡上的龍波歐帕習（Opasi）的小神像。

幾年前，瑪莎出了一場車禍。她的計程車滑出去，撞上曼谷市區的水泥牆，車子壞了，但她只有些微輕傷和斷腿。出車禍的前幾天，她的朋友剛好送她歐帕習的小像。

「在車禍之後他就消失了，他實現了他的諾言：拯救我的生命。」她在自己的儀表板上又放了一個小神像，雙重保護。「現在我有兩個高僧，當我開車的時候可以保證有一個是醒的。」

瑪莎是泰國最有名的第一位女計程車司機。她仍然留下那張泛黃的剪報，那是當她20歲的時候攝影師跟她約會的時候拍的。她並不是自願做這行，是她的人生幫她做了決定。她需要重新開始，因為她有個濫用毒品的老公，一個禮拜花一半的時間毆打她，剩下一半的時間在市區紅燈區裡的按摩店嬉鬧，從來不需要聘請徵信社調查他的行蹤，只要看他襯衫上的口紅印就知道了。不久之後她離開了他。

她告訴我：「我知道他在騙我，因為晚上他回家的時候，比出門前還乾淨。」五分鐘之後整間屋子都是肥皂的味道。我也不太管他了，因為現在我也老了，雖然以前我十分有吸引力。

瑪莎為了二個小孩好，所以最後離開了。她去做任何可以做的工作，例如服務生或清潔員。不過有一天她看見了一則不尋常的廣告，她想起當她還是個留在家等丈夫從按摩店回來的妻子時，她老公說過，諾福特旅館在找七個女生開豪華轎車。

如果瑪莎有個甚麼專長，那肯定就是開車了。她的爸爸是警察，在她小時候教過她如何開車，以及如何超越那些嘟嘟車。當鄰居轉頭看見十二歲小女生坐在這區唯一警車的方向盤前面，都覺得很反感，但也無法表達抗議，畢竟，坐在駕駛座旁邊的人，是這半徑七哩內唯一管理交通順暢的警察。

瑪莎是唯一應徵諾福特旅館廣告的人。她獲得了工作，開始她的方向盤人生。在離開諾福特旅館後，她去當租車行的司機，專門做機場豪華轎車的服務，穿梭在至少有五顆星的飯店之間。有一天她覺得應該要自己當自己的老闆，和朋友借點現金，買了這輛TOYOTA二手車，就是這輛載著我們在曼谷市全速前進的車。車子似乎感覺隨時會解體，受到曼谷市坑坑巴巴的路況懲罰，這輛車修過好多次，引擎、車體，超過五十萬公哩的疲勞車軸，還是已經一百萬公哩了？反正里程表已經在很久之前就不能用了。

我們經過紅燈區和按摩店的霓虹燈，就像其他計程車司機一樣，瑪莎的車上有不同的妓院傳單，上面有各個女生的照片，好讓乘客可以比較。如果計程車司機有載許多乘客光顧妓院，有些妓院老闆會給司機好處：免費一晚春宵。但瑪莎比較想要現金小費。即使離開她丈夫這麼多年，她也很難問客人說，想不想要去找樂子，即使她知道哪裡有好地方，乾淨又價格不錯，老闆公道而且小姐都是大學生。因為瑪莎發現了一些矛盾：她老公也許就是受到像她現在這樣鼓舞客人的誘惑，不管他們是泰國人或老外（Farang）。但是最大的矛盾在於每天工作十四個小時，不可能擁有正常生活。所以她就持續地過著矛盾的生活，妓院的傳單藏在她的雜物箱裡面，那個當她如果現金不夠的時候，每次都會帶出去備用的箱子。

我們經過牛仔街的妓院，瑪莎告訴我，她很羨慕這些按摩店和妓院的年輕女孩，因為有可能她們會遇到好的老闆，那些不會壓榨她們或騙走她們錢的人。

「她們賺一小時，比我一天賺得還多。」她說。

「瑪莎，妳忘了妳的尊嚴了嗎？」我問。

她看著我，好像我問了甚麼蠢問題。「一天工作十四個小時還有甚麼尊嚴，卡在這個骯髒的曼谷交通裡，還是躺在乾淨的牛仔街妓院中。」

這幾年，瑪莎就像我的遠親，所以我常常拜訪。無論我是不是在曼谷出差，我都會打電話給她。她會來接我，然後我們往街上開去，可能去政府機關，或者是去訪問貧民窟。她十分令人敬佩，即使她被社會壓迫到只有三種選擇，社會給她無用的丈夫，拖把和水桶或是按摩店，她拒絕這三樣，坐上駕駛座，消除所有的刺青，養育自己的小孩。我忘了我是在何處向她攔計程車，但我記得我們在曼谷的第一趟車程，她幽默地用她的破英文告訴我她的故事。對於計程車司機的英文我有點挑剔，因為當我走向我喜歡的司機，我會和她們在塞車以及超車中緊緊相依，不用提醒，一哩一哩經過之後，有些人會和我成為朋友。

第一趟車程後，八年過去，瑪莎和我成為好朋友，我們討論著退休計畫，以及她身邊那些「很抱歉」的男人（她們對我沒有興趣，因為我對生命的認識比她們多）。不管她剛剛闖了幾個紅燈，都讓我們的命運加速往前。她不在意我的建議，瑪莎會笑笑地對站在她眼角之外，她親愛的歐帕習小像說，「請您原諒這個老外。」「他不是壞人，雖然他甚麼都不懂。」

這天下午我們來到桑莫拉克拳擊訓練營。過去這幾年我們常來。就在西塔拉姆寺的後面，曼谷的舊城區。訓練營的老闆叫做希底蓬・阿武馬努，他向僧侶租下這塊地，辭掉警察的工作，致力於訓練這些貧窮的男孩，以實現他自己的夢想：泰拳冠軍。桑莫拉克是個特別的地方，寺廟的靜謐與泰拳的暴力、冥想和運動以及拳擊手的汗水與僧侶的整潔，取得一種微妙的平衡。曾經這些光頭的橘袍僧侶，圍在拳擊台前看著他們訓練，討論他們之中有誰可能贏得拳擊比賽。廟宇的生活可能有些無聊，周六的拳擊賽可以帶給他們一些微小的改變。沒甚麼會引起貪念，這只是為了殺時間。

泰拳（Muay Thai）是泰國的國寶級運動。這是從古暹羅軍隊便開始的一種訓練方式，必須將身體訓練成可以作戰的武器。現在戰爭的勝利都是靠停泊在幾百哩遠的船艦，發射精密飛彈，或者是靠躲在雲層後面的戰鬥機，在以前，戰鬥是靠著徒手搏擊，面對面廝殺。兩邊的士兵互相恐懼著。

訓練期間，泰國軍人看著彼此，沒有戴手套或是保護墊，唯一的規則就是沒有規則。之後，官方的比賽規則從二十世紀開始發展，那時進入比賽使用手套，一共分成五個回合。泰拳比賽可使用手肘、膝蓋和腳去攻擊，競賽時非常暴力，對決十分殘酷，那五回比賽力道的強度就像西方拳擊打上十回或十二回。我猜瑪莎說得對，有兩道屬於泰國的光芒已經消失，泰國人失去了溫柔以及有禮的形象，不管是在道路上還是在比賽時，「我們比賽得很好，開車技術很糟。」她說。

桑莫拉克的拳擊手大部分是農家子弟，來自貧窮的十九個省份，每個家庭把他們都送入首都去試試運氣。就像老闆，希底蓬說的「試試那一擊。」希底蓬相信每具身體都有一擊的機會，也不會再更多了。如果你浪費這個機會，下個小孩會取代你的位置，你也不能說甚麼。老闆帶著任何來敲他門的孩子，去試試那一擊，養他們，給他們衣服，帶他們上學，嚴格訓練他們，照顧他們的肌肉疼痛，他們也不知道如何離開，最終他希望能在比賽裡贏得賭錢。

「他們是我的孩子。」希底蓬看著那些拳擊手說。

那些在桑莫拉克成功的孩子，有幾個甚至不到九歲，活著就是為了在拳擊台上打贏。每天，訓練、吃飯然後躺在帆布覆蓋的地板上休息。夜晚來臨，筋疲力竭，傷痕累累，幼年拳擊手爬進拳擊台下，把空罐頭和髒衣服分開，理出舒服的地方，蜷曲在一起。其他找不到地方睡覺的人，就睡在空罐頭上面，用張網子把它蓋在下面，防止蚊子。熱帶地區的人對待蚊子並不溫柔，十分難以想像短短一分鐘之內這些昆蟲可以佔領全國，能夠擊敗敵人讓全國都無法發展。蚊子殺的人比飢荒還多，也比戰爭和交通事故加起來的人更多。即使在曼谷這座現代城市，蚊子傳播的疾病，例如登革熱，仍然存在。感染登革熱的選手將會有幾周的時間沒有辦法受訓，如果他不能專心養病到上場的前一天，他便不太可能會贏。發熱使他的身體虛弱，肌肉疼痛，脈搏加速，在上場前感到口渴，身體的反應變慢。在比賽時，他會以為看到兩個對手，但其實只有一個，他沒辦法打到任何一個。

在這個開放空間訓練營，還有生鏽的磅秤，電風扇，沉甸甸的沙包，還有希塔拉姆寺廟住持的畫像。鏡子上寫著標語，當拳擊手練習移動的時候，要提醒他們這地方的基本規則：

努力

當你覺得疲累的時候繼續練習

當你覺得沒辦法再繼續的時候，堅持下去

過去曾在這裡受訓的冠軍照片，掛在牆上，他們都把握機會，在倫坡尼體育館奮力一搏，那裡是泰國最好的體育館。老闆掛著這些照片提醒年輕選手，跨越成功的橋必須如履薄冰，才能將他們帶往成功的路，那裏才有金錢和榮耀。

莊度巴是這個營裡最近才來的，十二歲，三十公斤。他有一對尖尖的耳朵和大眼，似乎在反映他的恐懼，永遠保持警覺，好像隨時都有壞事降臨。莊來自呵叻（Korat），泰國最窮的一省，那是個神奇的地方，季節變換在那裡並不管用，而且假設有神的話，神也遺忘了他們。這是在豐沃土地上唯一的一塊貧瘠地，泰國的水來自緬甸山上，把西北部的農田畫染成一片片綠意。昭披耶（Thee Chao Phraya）河穿越國家的心臟，灌溉低地農田，給予古老的大城（Ayuthaya）和曼谷生命。安達曼海與泰國灣，擁有白色沙灘以及翡翠色的海，吸引上千名旅客，提供了海邊地區的工作機會。

反觀呵叻？

碧差汶山脈分隔泰國中部與東北地區，呵叻高原便位在東北部，土地貧瘠，耕種困難。無論雨季來得早或晚，雨水無論多寡，這一年旱災，下一年就會淹大水，甚至可能發生在同一個季節。呵叻居民能夠成功的唯一道路與方向：只有離開。年輕人不想與家裡同住，也不願意等待雨季的憐憫。所以他們滿懷希望前往首都，祈禱不再回去。評斷成功的方式十分容易：如果你回家了，代表你在外頭失敗了。

但是如果想要成為泰拳冠軍，必須從小開始訓練成為男人，即使已十分接近。

訓練男孩成為男人是老闆的主要責任。

莊搭巴士進城，穿越大半個國家，帶著一個包包就來了，裡面只有簡單的換洗衣物，一些吃的，幾枚銅板。去年的乾旱讓他的父母深信待在呵叻沒有未來，為何不試試讓莊去碰碰運氣，如果他變成冠軍全家人都不需要再奮鬥了，也不用再去在意雨季究竟多長，就算不想來也無妨。

「按照老師跟你說的去做，你就會得冠軍。」莊的爸爸，在小男孩離開的那一天對他說。

莊在希塔拉姆寺廟前被放下，那天他也被理了個光頭。被帶去和其他孩子一起，他穿著T-shirt，一條短褲，他的第一雙拳擊手套。有人告訴他：訓練得越辛苦，你就越有可能成為冠軍。又有人跟他說：每個人都有自己要做的工作，給你最新的工作就是去把馬桶掃乾淨。還有人跟他說：桑莫拉克是個大家庭，你的勝利對訓練營來說是其次，因為團體比個人還重要。最後有人跟他說：服從命令，不然你就會被送回呵叻那塊鳥不生蛋的地方。

「有沒有上場時的名字？」訓練員問他。

「沒有。」莊回答。

「好吧，我看你應該可以叫……無敵吧。桑莫拉克唯一的無敵！」

在新生活的日子沒有改變太多，他還是必須五點起床，就像以前和爸爸在田裡工作一樣，現在變成一早起來訓練。在桑莫拉克，一天始於八公里的繞著寺廟跑。接著開始跳繩、舉重和一小時的抬腿、抬手，對著掛在天花板下的沙包不停重擊，最後，對所有小朋友最難的是二百下伏地挺身。

「一、二、三、四！」老闆大喊，他的手機永遠準備好等待對手邀約。「我不想要看到鼻子碰到地板，繼續！五、六、七、八！」

結束稍早的訓練之後，莊帶著他的包包前往附近的小學念書。下午三點放學。莊再回到桑莫拉克繼續更多的訓練，直到晚上。瘦骨如柴，他花了許多時間跟其他兒童，或是與更大年紀的徒手搏擊。摔在地板上一次又一次，掙扎的爬起來面對下一個對手。一拳打在臉上，另一拳打在肚子，膝蓋被踢到另一邊……扒完晚餐，筋疲力盡，莊爬到拳擊台下，找地方睡覺。

努力

當你覺得疲累的時候繼續練習

當你覺得沒辦法再繼續的時候，堅持下去

莊的第一場比賽不太順利，從鈴響開始，莊無敵就被打癱，他的心被嚇傻了。他不記得在訓練營曾經學過的攻擊，喚不起對勝利的渴望，可能從呵叻來得時候就消耗殆盡了。恐懼戰勝一切。他用雙拳擋住臉避免重擊，或是彎腰保護胃，但是他似乎無法給予對手回擊。桑莫拉克訓練營中，只有他是唯一一個連一勝都沒有的小孩。不知道他是如何隱藏住別的男孩對他挑釁的怒氣，但這股氣的決心或許可以幫助他贏得比賽？

泰拳冠軍必須從當地的成人比賽中不停地磨練，孩子的每一次的勝利都會燃起想要奪勝的決心，每一次的失敗都會降低贏的機率。如果拳擊手輸了，之後就不會有人想要再打敗他，他也不會出現在海報上，最後被送回家。每個桑莫拉克的孩子都在等上場機會，就像西方的孩童等待聖誕老公公的來臨。但每次都來得不夠早，每一次機會都可以縮短與夢想之間的距離。但是莊似乎希望下次上場晚點才來，甚至希望永遠不要來。

希底蓬到營區的時候，帶了一張海報宣布下次拳擊之夜，由拉差汶里（Ratchaburi）當地的星裕體育館舉辦。一場完整的比賽已經籌畫好，每個人都想看見自己的名字在上面，除了莊以外。老闆宣布這場比賽是一對一，但最後才宣布莊的名字：三十公斤組由桑莫拉克的莊無敵對上素攀武里的虎男，轉頭和男孩說話前，他又說：「這場比賽一連八天，好了，每個人回去上工！」

拉差汶里距離曼谷有一小時半的車程，那是前往古時泰國皇室度假勝地──華新的方向。莊提早一天到達，所以在今晚的比賽前他還可以休息一下，他早上很早起，吃早餐之前先與對手去體育館量體重，在訓練營中那個古老的磅秤是被相信的，所以這個時刻非常關鍵。如果桑莫拉克的莊無敵比規定多一磅，他只有幾個小時可以減重，要不然就取消資格。上次發生這件事情，老闆逼他整天不能吃飯，一直運動，在熱帶令人窒息的氣候裡穿上大衣可以靠流汗減輕體重。當莊爬上拳擊台，他已經又餓又累，根本站不直身。那天他的比賽遭遇史無前例的重擊。

兩個男孩赤條條地站上磅秤：

莊無敵，六十六磅。

虎男，六十六磅。

莊明白這代表著體重對了，今天可以出賽了：米、肉和雞湯——豐盛的出賽餐。出賽的酬勞一場是八美金，贏家會多一點。勝利能使下注者提供一些比例給拳擊手，沒有人想要每一場比賽都輸。莊無敵的押注率是十比一，如果輸了，他就要被送回家。

星裕體育館位在拉差汶里中一條小街上，入口處有一個缺腿的男人在乞討，空氣中飄著泰國食物的味道，蒲美蓬國王的畫像到處都是。國王歷經二十二個不同的政府，十九個政變，長達六十年在位，已成為泰國必供奉的象徵。他的堅毅使他成為人民眼中最好的父親。當王室要離宮的時候，曼谷的交通便會管制：警察會封橋，以防橋上的人看見國王車隊的行進。在建築物裡都可見到他的照片，鄉村、家裡或是街道上，在衣著暴露的紅燈區女孩的脖子上，或是房間裡的搖滾明星海報旁邊，整個國家都有他的畫像。當你去曼谷的電影院，放映前你必須要站起來，如果下雨，泰國政府會請求國王指示該如何行動。如果下太多雨，他們會請求國王讓雨停止。二〇〇六年九月，我在曼谷，當時泰國軍隊嘗試對塔克辛政府發動政變，塔克辛總統試圖推翻蒲美蓬的君主體制，由泰國有錢有權的菁英分子支持，我和時代雜誌的記者漢娜一起搭計程車前往政府辦公大樓（Government

House）。彬彬有禮的士兵對遊客笑著說抱歉，這場造成市中心風暴的不便，同時無法不注意到坦克上的緞帶。

太陽底下閃閃發亮的黃色緞帶，那是專屬於蒲美蓬的顏色。

當晚的活動擺滿上百張塑膠椅，雖然這活動並不合法。政府禁止十五歲以下的拳擊手參賽，或是禁止四十公斤以下的等級。這些兒童的腦都沒有發育好，許多案例顯示持續的重擊影響心智的發展。附近醫院，一位醫生疲倦地告訴我，他無法在比賽時候扭轉這個現象：「有時候他們會帶小朋友來動大型的手術，我們幫這些小朋友縫了又縫，不久之後又到拳擊台上。」這些賭客對於法律有不同的解讀：拳擊手年紀越輕，比賽的不確定性就會帶來更多賭金，充滿驚喜的結果將會帶來更多利益。目前這些比賽都在曼谷外舉行，例如像是拉差汶里這種地方，以躲避警察。

老闆今晚可以賺大錢，如果莊有贏的話。

希底蓬給最後一場比賽指令，不停重複他古老的理論，拳擊就像工作一樣，每個拳擊手就應該不停思考，就像開刀的醫生或是律師。如果開刀的時候不去思考，他在手術房就會讓病人的手術失敗。如果律師不思考，他的當事人就會進監牢。如果拳擊手不思考，他就會受傷。

「當你已經被打了很多拳的時候，頭昏眼花，你要如何打贏？」老闆問。「我的孩子，泰拳有三種武器，身體，心，還有意志。任何一樣留在家，很抱歉你就輸了，懂嗎？」

「我懂。」莊回答。他的聲音又抖又微小。

「記住，身體，心，還有意志。在比賽的時候你要怎麼做？」

「用我的頭腦，老闆。」

「很好，這才是我的乖孩子。」

晚上的第一場比賽是五十五磅組，希瓦貢對上登皮馬。他們還不到八歲，所以穿上他們的拳擊裝備、手套和短褲，看起來就像在學校的化妝舞會。但是當鐘響，童真立刻轉變為憤怒。這不是你學校裡那種隨便推來推去的小打架，男孩們移動的步伐非常協調，出拳精準又重。對於對手的進攻無所抱怨，當他們被擊倒在地上又能夠馬上跳起來，當比賽一回合結束，鐘聲響起，他們不能再繼續移動。必須留在角落休息區，等著訓練員把他們的雙手抬起，喝一點水，拿冰敷腳，打幾記耳光，然後再度回到場上。比賽尾聲，評審會給裁判分數，希瓦貢贏得這場比賽勝利。他的訓練員舉起他們的肩膀，之後擁抱他們，之後他會坐在角落，獲得屬於他的獎金。因為不能用手套拿錢，他會張開嘴巴，有人會把錢放入他的齒間，他緊緊咬著現金，沒人可以拿走，那是他賺的錢。

泰國是第一世界與第三世界的中點，如果我們想像在他們之間有個一千哩遠的高速公路，通常是泥濘的道路，泰國就是處在第五百哩之處。這是一個想要擺脫貧窮的地方，但是無論如何，貧窮就像你開車時，從後照鏡總會看到的蜿蜒路途，緊緊跟隨。我記得二〇〇三年曼谷舉辦亞太經濟合作會議（APEC），泰國政府決定淨空街道，其中一個毫無意義的會議在討論官員的薪水，而記者堅持要參與會議，但這都在浪費時間。當他們開名車穿越城市的時候，決定不能讓其他國看到這面鏡子——貧窮。因此C130運輸機原本是將柬埔寨的乞丐載走，現在有將近一萬民遊民也被軍隊帶走，取而代之的是四則大型故事，五百年的皇家故事看板矗立，圖畫正面的、輕易的向全世界隱瞞真相，真相是貧民窟的居民不停抗議。我不認為他們是為了向國王不敬，而是貧民窟的居民已經習慣被忽略，甚至他們認為其他人希望他們隱形消失。

泰拳就像巴西的足球、印度的板球，這是少數可以讓自己能夠被看見的機會。幾年前，我採訪泰拳冠軍帕莉雅（Parinya Charoenphol），國家級的冠軍，故事由當地的導演艾卡奇（Ekachai Uekrongtham）曾被改編成電影，當他還是小孩子時，帕里雅的夢想是成為女人。那些年他為了讓自己變成女人而去打泰拳，每次勝利贏得的錢，他就去整形得更明顯一點。他的儀態變得像女人，開始化妝，他的女性化也讓他的對手不停污辱他。每次勝利都讓整形加速：長髮、緊身短褲、胸罩、香水，最後是他拒絕在傳統量體重的儀式上，在對手前面脫衣。

「等我最後賺夠了變性手術的錢，拳擊再也沒有意義。我完成了我的夢想。」他解釋著。

在桑莫拉克的兒童拳擊手訓練營，夢想可能相對簡單一點。一棟可供父母居住的房子，好一點的生活條件，永遠不再被社會階級所烙印的印記看扁。擁有自己的生命權。泰國有著斷斷續續以及缺陷的民主發展，試著搖醒沉睡中的窮人，讓他們擁有屬於自己的公民權利。因此有許多人就想成為泰拳冠軍，這是唯一可以變成菁英階級的方式。或者只是為了逃離下層社會，因為有時候菁英會邀請你去他家作客，如果你最終可以在倫坡尼體育館成功的話。他們會將你帶給他的朋友看，但絕對不會把你視為其中一份子。你不會受邀參加他女兒的婚禮，你更可以確信自己也無法娶這些人的女兒為妻。所以如果你問這些桑莫拉克的男孩們夢想，他們會開始談論關於成名和金錢、好車、好房，但是當他們繼續說下去他們真正想要的，或者到底甚麼鼓舞他們，他們隱藏每次在拳擊台場上，想要去迎戰的想法到底是甚麼。他們其實只是想要別人能夠注意他們——可以備受矚目。

桑莫拉克的莊無敵，等待星裕體育館的那一回合。今天出現的人比他以前見到的都還多，我注意到第一次看到他時候，他總是保持警覺的眼神，持續的恐懼。他的對手站在他身旁，不停的跳來跳去，對著空氣揮拳。虎男一共出賽過八場，他全勝。訓練員開始準備讓選手上場，他們在男孩的關節纏上繃帶，身體塗油，在臉上塗凡士林，按摩他們的肌肉，耳提面命一些策略。

「你在比賽的時候要怎麼做？」

「我要用腦子。」

根據傳統，拳擊手在爬上拳擊台前，要從最高的那條繩子鑽進去，象徵神在萬物之上。無論是莊還是他的對手，都已經高到可以穿過最低的那條繩，所以他們像兩隻壓扁的松鼠穿過去。之後開始跳傳統的敬師舞（Wai Kru），跳著戰士向老師行禮的舞，向四方的佛陀跪下祈求，讓拳擊場被庇蔭以對抗不好的靈，裁判走向選手，檢查他們的生殖器確保有戴上保護裝置，好讓他們能夠比賽。

鐘響了，五回合中的第一回合開始了。拳擊手面對面，研究對方的移動步伐，虎男先攻擊，靠近莊無敵，給他的臉輕快的一擊，莊閃過了，之後又一拳向臉，又一踢擊向肚子。

「移動啊，莊，你為什麼不移動？」他的教練從角落裡大叫。

莊無敵向後退了一步，虎男跟著他直到把莊逼到角落的繩邊。他兩手抓著莊的脖子，之後用膝蓋快速的擊向肚子。群眾開心地歡呼，謾罵嘲笑莊無敵：小朋友要不要下場了啊！你來這裡幹嘛的？我看小嬰兒都打得比你好吧。

「快點移動！移動！移動！」教練喊得更大聲了。

莊開始覺得很痛，每個關節都好痛，從群眾那裏來的嘲笑也讓他感到痛。在這裡也讓他覺得痛。他拼命的求救，看著每一個地方，但沒有人要救他。那些看著他的臉上寫著：你是孤獨的，現在沒有人會幫你。只有一次致勝機會，那是你的全部！他們說：你不適合打拳擊，孩子，回到那塊鳥不生蛋的呵叻吧。

「有沒有人看過他的紀錄？」從角落那裡有人問莊的教練。「八戰八勝，他會殺了他的。」一拳不停的落在莊的身上，莊無敵跪下舉手要求第一次暫停，通往夢想的脆弱水晶橋已經壞了，當他的腳已經走到另外一端。裁判開始倒數。

「一、二……你可以繼續嗎？」

沉默。

「三、四……你可以繼續嗎？」

沉默。

失敗的恐懼是不是已經讓他癱瘓？還是對於勝利的恐懼？最好他還是放棄吧。為什麼不丟掉這個他一點也不想要的機會，然後回家呢？等待雨季，回到看天吃飯的生活，回去當一個雨季的孩子？

「五、六、七、八……」

莊從拳擊台的中間再度站起來，看著四周，臉上充滿受驚嚇的表情，八戰八勝。他如果離開了一切都可以結束了。但是他不能。他站著，但無法移動。站在拳擊台的中央，仍然被恐懼所包圍。他右拳已經腫了，左邊顴骨傷痕累累，教練走向拳擊台，帶走莊然後按摩他的肩膀，老闆想對他說點甚麼，想讓他高興一點，但他甚麼都說不出來。在他們回曼谷的那一晚，桑莫拉克這一隊只贏一場，輸兩場，莊無敵在天快亮的時候回到營隊，他想找個地方睡覺，就躺在其他男孩的旁邊。

其他的男孩仍然醒著，問他，「無敵，比賽怎麼樣了？」「我輸了。」

瑪莎無法去拉差汶里看莊的比賽，她的家出了一點事。她的女兒打算分居，就像她的老公在早上的時候回來已經洗過澡了，房子都有肥皂的味道。瑪莎現在和女兒住在曼谷郊區的一間小房子，她的孫女和孫子，都已經要二十歲了。當瑪莎剛開始分居的時候她才懷第一個小孩，那時候她已經是計程車司機了。她懷孕的時候，一直在開車。她的乘客無法相信自己所見：一個女計程車司機在即將現代化的曼谷，將要生小孩了。九月懷胎期間，瑪莎在計程車上開了無數英哩，當小孩子生下來的時候，她第一個想到的名字是：邁爾斯（Miles）。

「我很擔心邁爾斯。」當我們高速穿越城市的時候她說。

「孩子很容易打架。有一天有個幫派攻擊他，搶走他的手機。我很擔心他會受傷。我想送他去寺廟當和尚。我應該去跟我家附近的住持說說看，也許他會比較平靜地待在那裏。」

我跟瑪莎說我不確定寺廟對邁爾斯來說是不是一個解套的方法。我想她可能又會看著歐帕息。

「請原諒這個老外，他有很多事情永遠不明白。」

瑪莎虔誠信奉佛教，相信佛教可以拯救邁爾斯，就像在車禍中獲救一樣。他認為現在年輕人的問題在於他們想要所有的一切，但他們無法解決任何問題，一直持續到今日。更不用提明天了，明天永遠太遲。在佛陀的雙眸之中，無法控制人類對於物質的慾望，因此，他們也失去了自己的自由。佛陀並未承諾他的信徒要解救人世，只有告訴他們如何終結痛苦，如果他們能夠克制人世間的慾望。不過年輕一輩仍然無法駕馭，一如他們的父母。國家這幾年高度發展，但是人民的慾望也跟著加速。

瑪莎見證著這二十年來的變化，從她的駕駛座到她的計程車。她看見購物大樓以賽跑的速度興建，她的鄰居改變了穿著，傳統食物小攤被流行餐廳含俱樂部取代。她看見一切都宛如迪士尼的輪子不停前進，她無法避免也停止不了。當瑪莎開著車高速穿越曼谷市區，她不相信命運會被她的階級所侷限，她開車這麼穩當。

然而所有的事情都已經為我們寫好了。也許下一次見面是最後一次見面，她下輩子的門票，比較好的下一輩子，她就不需要在輪子下討生活。相信許多事情冥冥中自有註定並不是一件壞事，在面對輪子後的苦難的時候，在世界上最糟的城市當計程車司機，車資也不優，競爭激烈，塞車就像地獄一樣，這幾年，政府投資鐵路和捷運系統，但是許多人還是想要開車。因為很多人覺得大眾運輸系統並沒有開到他家門口，要等二十年他們才有可能買車，因此買了當然要開，就算開去地獄也要開。

「交通是不可能好的。」瑪莎說。她又來了，享受著現在的塞車，困住我們的塞車，品嘗著滋味，因為這可能是最後一次了。這幾年她仍然保有精力開著她的TOYOTA，但是法律不准，因為根據規定，一輛計程車服務十二年之後一定要汰換，瑪莎買這輛二手車之前她已經跑了六年，每一年她都要付出對車子的花費，例如執照費、修車費，「小車禍」之後的車子保養，歐帕習每次都讓她安然度過的小車禍。

現在她想要清還這些債務了，為自己賺錢，當自己的主人，但是政府說她的車不能開上路了。這種汰換制度對於計程車公司有利，不僅可以汰換舊車變成二手車，買新車，租這些車給像瑪莎一樣的人，就是永遠買不起新車的人。計程車公司的老闆，開著豪華轎車穿梭在曼谷街頭，坐在辦公室就能賺大錢，或者是當這些從農田裡來的窮人幫他倒咖啡的時候打著高爾夫，感謝他在政府裡的朋友可以給他合約。

「他們不會為小老百姓制定法律。他們不想要看到老舊的車輛，沒有空調的車在路上跑。」瑪莎解釋。「但是這不公平，我開計程車這麼努力，我只是想要有自己的車，然後他們告訴我，我得再買一輛新車。錢從哪兒來啊？」

「你打算怎麼辦？」我問。

「我太老了，沒辦法去按摩店工作。我行嗎？」瑪莎笑著。「我需要錢，所以我想我可能會去旅館工作吧，做好老闆叫我做的事情。」

我品嘗著最後與瑪莎共乘的時光，穿過充滿霓虹燈的街區，有時候我會想，生活應該永遠不會擊倒我的曼谷計程車司機。我告訴瑪莎，她的韌性可以對抗所有的一切，沒有甚麼是命中註定的，即使是在紅燈之外的謊言我們還是要衝過去。如果所有的事情都已經寫好，瑪莎，妳可能還跟你老公處在同一屋簷下，那不配跟妳在一起的老公。也沒有辦法在千哩之後生下邁爾斯，也許妳覺得甚麼都沒有擁有，但還是有東西已經放在你的駕駛座人生裡了。

雷內

疾駛過聖安東尼奧（San Antonio）貧民窟的火車，永遠誤點、永遠無法信賴，因為它永遠不會通知何時抵達，也永遠不會停下來。當它黑暗身影出現在遠方，有人便開始大叫：「火火火火火火火車！」，女人不再靠著軌道，男人趕快吞嚥最後一口水，小朋友停止在鐵軌旁玩耍。從現在開始無論男女老少，或是醉漢，如果不趕快即時跑開，人們就要開始去撿尋身體的殘骸了，像玩拼圖一樣拼湊屍體，最後裝在陳舊的木櫃中埋葬。許多人身邊，無論是親戚朋友，都有人莫名其妙撞上火車，最後不得而終。荷西因為在鐵道旁的香菸攤買香菸而被撞，六歲的小雷蒙因為追著一顆籃球被撞，老馬可只因在門外睡覺把腳伸直了就被撞斷。

這就是聖安東尼奧的生活：生於鐵路，死於鐵路。

是因為火車貫穿了貧民窟？還是因為貧民窟阻礙了火車的路徑？貧民窟的居民以及中央當局，也無法取得對於這個問題的共識。

聖安東尼奧區不遠處，是金融市區馬卡蒂（Makati），那是為了金錢而生的名字，它又被稱作富比世。馬卡蒂的居民普遍富裕，為了遮蔽外圍的貧窮，建了六尺高的牆，覆蓋鐵絲網，外頭還有配槍的警衛。富比世的居民無法想像一周的垃圾無法處理是甚麼情況：他們有自己的便利收垃圾服務，安靜的卡車，街道乾淨地像墨爾本，上面鋪著人行道，綠色的草坪在其中蜿蜒，大到可以拿來打高爾夫了。富比世的居民也無視於當地公共醫療設施缺乏的可憐狀態，因為男人可以去香港割掉囊腫，女人可以去曼谷拉皮。在富比世，有些人甚至不懂交通可以糟糕到甚麼程度。富中之富的人，擁有最大的豪宅以及最麻木的良知，這些家庭不曾想過他們的運氣從何而來，不管有賺或沒有賺，也許他生下來就有了，就像直升機在周圍從屋頂而下，如果財富還沒有繼承到他們手裡，不久之後也會是他們的。他們在萬人之上，在人類叢林之中出淤泥而不染，貧窮，對他們而言根本微不足道。

這就是馬尼拉：一個由聖安東尼奧與富比世所孕育出來的野蠻混合體。

線上傳來《世界報》在香港辦事處的最新消息，「垃圾山崩垮，壓死菲律賓200人。」電報提供更多的消息：政府歸咎於造成這場悲劇的雨季，辯駁因為大雨侵蝕在帕雅塔斯（Payata）區裡的垃圾基地，它將近三十公尺高，那裡住了超過八千名居民，是菲律賓最大的垃圾掩埋場。問題似乎不是民眾住在成堆的垃圾旁邊，也不是因為他們無處可去，而是因為大雨成災。目擊者回憶在半夜聽見大型的轟隆聲，跑出去看發生何事。他們看見眼前的巨山崩毀。三百座屋棚在這座山底下的一堆垃圾中消失了。民眾在垃圾底下的哭聲逐漸安靜，一個接著一個，甚麼都聽不見。父母試著找他們的小孩，小孩找媽媽，但這道不可逾越的垃圾牆，就橫亙在他們之間。有人來救援嗎？應該有人打電話給警察吧……

許多人都稱這是魯邦彭加廓（Lupang Pangako）的悲劇，這裡又稱做應許之地。是所有的人都住在垃圾掩埋場？還是垃圾掩埋場佔據了他們的土地？政府當局和居民依舊沒有共識。七十年代早期的帕雅塔斯，在菁英的眼中，非常透明又遙遠，不被認可。政府決定在這裡建置二十三・三公頃的愚蠢區域，放置城市裡的垃圾。隨著馬尼拉市高速發展，城市當局「被迫」將棚戶區的居民移走，為了蓋新的購物中心，公寓大樓還有高速公路。他們為了解決問題所以把這些居民送到一個不會煩他們的地方。帕雅塔斯逐漸被遊民、瀕死之人和被放棄的人塞滿。在這個國家有無主地是不可能的，有超過好幾打的家庭控制國家一半的土地，有錢人則占了三分之二，所有政治權力都試著不改變這個情況。即使是在這塊骯髒無語的應許之地，也不會有任何一塊土地是無主。

我打算前往馬尼拉完成這個報導，在香港機場，我打了通電話給雷蒙。另一個貧民窟之子。雷蒙身材修長，聲音永遠啞啞的，他英文學得很好所以獲得了工作，在新加坡發行的海峽時報（The Strait Times）上班。當我到了馬尼拉，我僱用他作為我的翻譯。他把賺來的錢存進撲滿，為了存錢去做他認為這屬於一輩子的事業：他計畫買一些二手電腦，灌入電玩遊戲做成像網咖的樣子，放在客廳，而他家就巧妙地位在學校的對面。這是他滿滿的美夢，但他的老婆卻視如敝屣。

「你在期待甚麼？」我問雷蒙。「我很驚訝，結婚之後她讓你可以把家擺成這個樣子。」

「我不認為這會失敗啊！」他解釋，並且列出一連串的收支損益。「當我賺夠錢可以讓我兒子念書，我老婆可以買她想要的衣服。我們必須習慣有很多小孩在我們家，這筆生意一定成。」

我們租了一輛車前往應許之地。不需要路標，在我們抵達之前，一股濃烈的腐爛魚腥味飄入車窗，實在太臭了，以致於我們不知道究竟開去了哪裡，這味道就像上百具屍體埋在垃圾堆裡一樣。

這臭味令人作嘔、刺鼻，彷彿在你身體裡挖了一個洞，就在離開之後，這味道會敲打你的知覺，附著你的大腦幾小時、幾天。這不完全是臭味，這是所有可能最糟味道之總和，然後形成一個單一的、令人無法忍受的惡臭。

倒塌之後將近二十四小時，帕雅塔斯的居民回去工作了，即使他們的朋友、鄰居和親戚的命運未卜。垃圾堆中，傳來細微的移動聲，其實很明顯與死亡沒有兩樣，就像是在活著另一端一樣。而且如果你一天只賺一美元，不可能為了任何事情放棄這一美元；你必須做你該做的事情，要不然你就沒有飯吃了。更糟的是，你的小孩也沒有東西可吃，死人不需要一美元，但留下來生活的人需要。

應許之地不像這世界上其他我所見過的地方，也不像其他窮人住的垃圾掩埋場。它十分有詩意，它是一座垃圾之城。由丟棄物所建的棚屋組成，蹲踞在巨大的廢墟山坡，每年都會因為多餘的罐頭、瓶子、輪胎、塑膠瓶、用過的刮鬍刀、過期雜誌以及黑白電視增加一些高度——這年代了誰還在看黑白電視？還有生鏽的洗衣機，其他更多的項目，這些都曾經服務過這座巨大的城市，又被其他物品取代了，無論快或慢，最終都會來到這裡。雜物堆成像穀倉、懸崖、小山甚至形成巷子，在角落還有一所學校，再往前有籃球場、教堂還有布滿蒼蠅的漁市。天地萬物，放眼望去構成之景，所有棲息之物，只有垃圾。養了幾隻雞的人們，用彈簧床墊圍成籬笆，有的人用廢棄衣物裁成窗簾掛在棚屋外，小孩用超市購物車的輪子和垃圾桶的蓋子，做成車子從街上滑下，沒有甚麼東西遺留在這座由虛無所建之城。

我們買了口罩保護自己，以防細菌和疾病，或許也保護自己免於貧窮，政府官員和一些記者，比我們早一點到了，也戴著口罩，雷蒙卻認為我們應該把口罩放在車上。

「你想想看如果你邀請我到你家吃晚餐，如果我出現的時候穿防護衣，就像史匹柏的電影裡，出現把E.T.帶走的人一樣。這些人每天生活在這裡，我們是來拜訪他們的家，即使他們家看起來像糞坑。」

最後我們脫下口罩。

矗立在我們眼前的是座垃圾山，我們朝山頂走，但每一步都陷入這有毒的泥沼之中。只有從垃圾山的山頂，往四周一看才會了解應許之地的意義。站在遠方，天晴的日子，能完整的辨認出這座城的樣貌。它沒有這麼遠，四周都有人赤腳踩在泥濘之中，翻找垃圾堆裡的物品。彷彿像在火星，一顆難以辨識的遙遠行星。他們與真實世界唯一相連的管道就是卡車的到來。就像印度影片一樣，載滿武裝的傭兵部隊，一列列載滿了無止盡的廢物。當卡車開到終點，司機打開油壓，好方便把貨物傾倒。上百人盯著，拉長脖子看著，當傾倒下來的物品有金屬物，跟著垃圾一起來到地面，貨櫃上上下下，最後剩下一小堆，大家都知道那一刻即將來臨。垃圾屬於他們了。

一個有著黝黑皮膚，頭髮剪得零零落落的小男孩，一雙傷痕累累的腳，突出的大耳，隨時留意著這些倒出來的垃圾。穿著骯髒的白上衣和短褲，沒有鞋子。他一隻手拿著金屬做的鉤子，作為清出垃圾道路的枴杖，就像在叢林裡頭行走一樣。另隻手拿了一個大布袋，裝滿了寶藏：洋娃娃的頭、金屬廢料、空的可口可樂瓶、一張老報紙，上面寫著一篇報導，最近政府對抗窮人的示威遊行……每次卡車來到，他總想把頭鑽進人群裡，但總被趕走。他只好坐下，等待一切結束，再次搜尋廢物中的廢物。我問他叫甚麼名字。

「雷內。」他說。「菲和愛德波多的兒子。」

雷內十歲（看起來只有七歲），十個孩子中排行老八。十個孩子對地球上任何家庭來說都太多了，但是在菲律賓，紅衣主教和艾斯特拉達總統在位時的西元二千年左右，並不算多。紅衣主教花了十年奮戰對抗節育限制，因此一天有四千個小孩誕生，其中有一半的人來自貧窮家庭。最近，有人譴責他沒有限制這個國家的人口，他回答自己來自大家庭，如果活在節育的國度裡他肯定不會被生下來。艾斯特拉達的失敗在於沒有讓人民免於貪汙的日子，成天酒醉金迷。大約有百分之十的法案，都是在午夜由他的總理拿來給他簽名的——這又稱為午夜的內閣，往往發生在徹夜狂歡之後的凌晨。他的顧問，拉坤（Aprodicio Laquian），曾經寫過文章表示他自己是政府裡面唯一清醒能夠討論國家大事的人。

雷內每天差不多早上四點起床，而他的總統在同樣時間去睡覺。他拿起他的鉤鉤和包包，出發撿垃圾直到袋子裝滿為止。他知道他媽媽每天都在等他拿東西回來，問他一樣的問題：

「雷內你有把袋子裝滿嗎？」

如果沒有完全裝滿，她會要求他回去山上，再找一點東西勝過甚麼東西都沒有。當他結束工作回家以後，他才可以要求吃一天唯一的一餐。但是雷內的胃永遠沒有被填滿。現在可以吃一點點的米，也許聖誕節可以吃到一點點的雞肉，但是沒有任何感覺會像：「我再也吃不下任何一口了。」他的胃永遠都還有空間能吃，但是沒有任何東西可以填進去。他坐在地上，接受給他吃的東西。他不會抱怨，他看著他姊姊的盤子，然後向他的媽媽祈求原諒，因為也沒有足夠的東西可以給她，「媽。」他說，希望得到菲的允許。「明天我會好好認真工作。」「是的，雷內，明天……」

菲和愛德波多在一九九五年來到應許之地，拋下一個賠錢的水果攤，從塔拉洋的民答那峨島來馬尼拉，十六世紀西班牙人在那裡上岸後，建立新的宗教，同樣地之後穆斯林也在那裏建立伊斯蘭國度。他的行李箱只有夢想而已，他覺得這樣應該可以變成有錢人，所以沒有問太多：一畦地，一間房子，一份可以餵飽他家的工作。除此之外，城市給予他垃圾掩埋場的一塊地方，一個棚屋，一個撿垃圾的職位。他想哪裡還有比這裡更好的地方呢？一個夢想如果還沒有實現，還能持續多久？一年？兩年？可能要一輩子吧。愛德波多至少還保有活力的活了一陣子，但隨著一畦地、一間房子以及工作都不再出現於他的幻想之內，他便放棄夢想，專心於應許之地了。

這是一處像他一樣的人唯一的出路，無處可去，在颱風過後失去家庭或是在都市更新的時候被取代，或者是在殖民時期的農民階級從封建系統降級，直接變成地主的奴隸使他們的孩子世世代代失去往上爬的機會。馬尼拉的故事就如同巴西的聖保羅、南非的約翰尼斯堡和印尼的雅加達。這些城市中的窮人和難民緩慢地被殖民，從郊區開始，那時他們沒礙到任何人。漸漸地市中心不停擴散，越來越大，直到大城市不停吞併小城市，不停擴充城市的地盤。

世界上的鄉村地區不停被政府拋棄：那是一種不斷消失的生活方式，沒有人想要離鄉背井，除非在那裡能夠擁有希望。你必須去尋找霓虹燈，還有寬廣的林蔭大道。不全然是為了自己，而是為了幫下一代——你的孩子，尋找那渺小的可能，當然也可能是你的孫子——或許會有機會。你必須在都市裡尋找成功的可能，也許要花費許多錢。

有上千位如愛德波多搭火車來到馬尼拉，穿過骯髒的貧民窟，例如像聖安東尼奧那裡一樣，他們在到達終點以前，夢想已經蒸發。大城市的迷思使太多人拋棄一切而來，但結果是大城市並不需要你，可是一切已經太遲。你買了張單程票，賭上沒有回程的一切，然後你到了馬尼拉，這座無情的城市。

太陽仍未升起，但是應許之地的早晨已然開始。雷內知道菲認為他今天一定會努力工作。他走下這座垃圾城的主要街道，穿著跟睡衣一樣的衣服，其他的孩子從他們的棚屋裡也跑了出來，加入這個每日前往垃圾山腳下的行列。「雷內，我跟你比賽誰先跑到山頂。」艾佛琳這麼說，她是一個與他身形相仿的女孩，把馬尾綁起來，穿著乾淨的衣服，好像她要去上學一樣。接著每個人都開始衝向山頂。

到了山頂，雷內水平掃瞄了一下，接著指著崩塌的山說：「我爸說有上千人死在裡面。」

「蟲子會吃了他們嗎？」雷諾問，一個年長的男孩。

「不會，因為挖土機會把他們挖出來。」雷內說，指著很快放棄救援的救難隊，他們不會給死者適當的埋葬。

在工作日的開始之前，這裡有著短暫的安寧。孩子們就像老鼠一樣在垃圾堆裡搜尋，不時地拿著鉤子去戳，把沒有用的東西拿到別的地方，再把可以拿去賣的東西放到袋子裡。雷內艱難地抬起頭，巡視四周，直到有人大喊今天早上的卡車來了，「快跑！」有人大叫，提醒著其他人。很多年長的拾荒者還在睡覺，所以還不至於有太多競爭者，沒有推擠，孩子們開始交換他們的東西——瓶子跟你交換塑膠，衣服的廢料跟你換紙箱，一隻鞋跟你換兩個錫罐。如此的過程可以確認每一個結束都是買者最有興趣的廢物，買者會檢查這些商品哪些可以回收。卡車不停地來，裡面有成堆的塑膠袋，正午時分，兇猛的熱帶太陽下，垃圾山的山頂彷彿長高了，在裡面找東西變得有些困難，而且那裡很少會有值錢的東西，一整天的所得或許也只有滿臉灰，直到雷內覺得應該夠了。

他累翻了，雙腳雙腿幾乎傷痕累累，雷內走進愛德波多用木夾板搭的棚屋。「這樣夠了嗎？」他手上拿著他袋子問，展示一整天的戰利品。他的媽媽點點頭，他找了一塊地方，在他的父母和兄弟姊妹之間，筋疲力竭的沉沉睡去。他的小弟，只有幾個月大，放進柳條做的籃子，從天花板上懸吊下來，老鼠才不會咬到他。雷內背誦著主禱文（Paternoster），接著閉上眼睛。但是他從未得到完整的睡眠，每天都自然而然跟著升起的太陽醒來，午夜回來的卡車載著馬尼拉最好的垃圾，伴著轟隆隆的引擎回聲，穿過每個家庭的棚屋，靠近垃圾山的西方山坡，宣布有更多的垃圾到來。因此，在凌晨午夜，應許之地辜負了他的名字，拾荒者帶著手電筒好讓他們可以在黑暗中辨識，上千個光點不停地來回移動，就像螢火蟲一樣，組合成垃圾宇宙的星座圖。夜再更深一點，所有的事物又會再度困苦，但有幾個小時，菲和愛德波多會覺得宛如置身在另個世界。

「有時候我在午夜醒來，」菲告訴我，「我會覺得這地方很美。」

雷內說他的夢想是可以開任何一輛載貨的卡車，穿過應許之地，按著喇叭轉動車輪，大家都會知道他來了。在他的夢中，他從未想要離開過這個地方——他怎麼想得到？這裡是他長大的地方，也是他唯一知曉的生活方式。即使是住在應許之地的老居民，都無法忍受雨季造成的垃圾惡臭，他卻習以為常了。他記得他的爸爸曾帶他去過市中心，他卻不喜歡。沒有人認識彼此，沒有人停下來打招呼，沒有人看著對方。令人難以置信的是：和金融中心以及有錢的地方相比，在應許之地比較容易發現快樂的人們。沒有人在這裡覺得孤單，對鄰居永遠大門敞開，一個人的問題是大家的問題：這地方散發出來的光芒是菲律賓貧民窟集體的溫暖。即使你的小孩生病了，即使成人的壽命大約只有四十五歲，在這裡只要住上幾個月，一切都會不同。在應許之地的生命可以存活，因為人們的野心已經適應了現實環境，幸福也比較容易獲得。它不存在於最新的車子或是有游泳池的房子，不存在於每個人眼中的奢求，它也不是一個想要就能成真的目標，它很輕易地被交換，最後來到失望之路的終點站。應許之地的幸福有著滿滿溫暖的一盤食物，健康的孩子，黃昏時有兩個鄰居在聊天。你幾乎隨處可見。

不，在雷內的夢裡那並不是一個好的生活。這塊土地、房子和工作，讓他父親拋下民答那峨島的一切都不存在。也許有一天這孩子會繼承他父親的夢想，帶著他遠遠的離開這裡，直到最終。雷內夢想著這一系列不可置信又驚奇的事情出現在這塊山丘：運動鞋、遙控車、食物，特別是食物。每過一段時間，應許之地的居民會發現全身都是彈痕的屍體，或者是被性侵害的年輕女性棄屍，他們有時候會去摸摸看，這是否是馬卡蒂購物中心丟棄的模特兒像，或者是馬拉特的妓女和有錢人生下的流產胎兒。棄嬰在應許之地沒有任何階級。沒有人會說他們發現了甚麼，大家只喜歡談論有價值的、藏在垃圾山裏的東西。

「我曾經發現一條金項鍊。」雷內回憶著，他的眼睛閃閃發光，彷彿回到那個曾經發現的時刻。「它纏在我的鉤子上，我趕快跑開了，所以沒有人看到也不會從我身上搶走。我拿著它去當鋪，我從來沒有在同一時間看到這麼多錢，我的爸爸和我去買了很多水泥，我爸爸很開心，跟我說幹得好，雷內。」

當鋪老闆給了雷內二十元美金，隔天，為了參加這個水泥動土的重要時刻，家裡所有人聚集在棚屋的前面，那四片用木夾板搭起來的屋子。當工作結束，愛德波多說，這就像是真的家了，也許還不能使夢境重現，那已經死掉且埋葬的夢想，但是已經足以讓他覺得上帝沒有遺忘他們。隔天，他們上教堂感恩上帝。

在菲律賓，隨處角落都可以看到速食餐廳與教堂，這說明了菲律賓的歷史背景：由西班牙人所帶來長達三世紀的天主教文化，以及美國殖民五十年所帶來的好萊塢文化，混淆了他們的認同。第一位抵達應許之地的居民，很快地建立了教堂，無論去哪裡，上教堂都會穿上最好的衣服，菲會擦亮從垃圾堆裡找出的鞋子，修補他丈夫的夾克，灑一些可能是馬尼拉貴婦丟棄的香水在孩子們身上。只有菲，在她的想像中，可以分辨出她孩子身上的香水味和一片瀰漫應許之地的臭味有何不同。菲需要教堂，讓她在這垃圾山的生活得以維續，她需要聽到牧師講道，她覺得她並不是真實的活著，永遠擔心小孩會因為吸了瀰漫在垃圾山上的毒氣而生病。

「我們必須離開這裡。」她有時候會跟愛德波多這麼說。

「離開？去哪？」他問。「我們甚麼都沒有，至少這裡我們還有地方住，還有東西吃。」

「你有看過發生在其他孩子身上的事情吧。有些小孩甚至病死了。每個人出生的時候都有病，現在有時會發生天災，垃圾山每天都有可能再度崩塌，然後我們要去幫他們收屍。」

「也許明年我們會有點錢。」愛德波多這麼說。讓菲保有希望，這樣她才不會一天到晚想離開應許之地。

垃圾山孩子的照片始於一九八〇年代，被世界大幅報導，為了要引起世人關注於富裕的馬可仕（Marcos）和貧窮的小孩。馬可仕是世界上最有名、囂張和貪汙的獨裁政權，費南迪・馬可仕是菲律賓軍人中最有聲望的軍官，她的太太伊美黛是菲律賓小姐得主，他們相遇墜入愛河，發現兩個人有許多共同點：沒有任何人比他們更喜歡權力與金錢，他們決定兩樣都要竊取。

將軍和公主一拍即合，如同其他的卑劣獨裁者，他說他們的到來開啟了新的時代與制度，帶來許多好的但可能世人不熟悉的事物。在中國，毛澤東引入了政治鬥爭，讓他的人民在文化大革命中餓死；在印尼，蘇哈托開始了他的「新秩序」，那是一九六〇年代的政治迫害，他消滅上千名在反共陣營裡的反對者。在柬埔寨，波布在開始種族屠殺前建立了屬於他自己的元年。馬可仕說他的政治主張是「新社會」。

但在他的獨裁統治裡沒甚麼新意，消滅對手的方式和別人沒甚麼不同，拿走別人委託建立的學校，愚蠢地摧毀家園，充滿無比的自大與自負——這不就是老字號的邪淫政權會做的事情。馬可仕認為這不過就是錯置的羅賓漢行為，從窮人身上偷走所有的東西，再拿去給有錢人，把最大的餅留給自己。一九六〇年代，菲律賓在亞洲是僅次於日本的經濟強國，但之後陷入腐敗與貪污迴旋，餘債仍由人民支付。

伊美黛，有兩件事讓我感到興趣。即使過了這麼多年她已經遠離權力核心，她仍然歡迎我去她馬卡蒂的公寓訪問她。她總是用西班牙文的你好來歡迎我：「你好」。那是馬尼拉的上流社會用來區別自己與大眾不同的方式，之後牽著我帶我去她公寓的落地窗邊坐下。

「親愛的。」她說，流露出小女生崇拜馬可仕的眼神，從馬可仕死後，客廳未曾更改過，照片裡，他二次大戰的勳章掛滿脖子，「所有你看到的東西，都是我們兩個一起建立的。」

一位女士倒茶給我，這位女士曾經領導過許多女僕，卡斯楚曾說過，除了他在哈瓦那車禍身亡的媽媽以外，伊美黛是世界上唯一的淑女。她曾和雷根共舞，向蘇聯的領袖獻唱，她是二十世紀最迷人的第一夫人，也是歷史上最浮華的第一夫人（如果你認為你已經知道很多了，但事實上還有許多你不知道的）。不過現在她變成一位非常憂鬱又無聊的祖母了。我跟她一起看著她官方出訪的影帶，拿下她與馬可仕訂婚的照片來看，重讀一次兩人的情書，她發現我一直看著她的腳。

「親愛的，我看見你一直在看我的鞋子。」

「無法避免不看，女士。」

「好吧，如果你很有興趣我可以跟你說說我的鞋子。」

「我當然很有興趣。」

「那些野蠻人攻擊我們的房子（總統官邸在一九八六年被示威者佔領），到我的衣櫃找剩餘的殘骸，但只有看到鞋子，美麗的鞋子。我很幸運，你不覺得嗎？」

「是的，但是您的人民處於飢餓，而您卻擁有一二二〇雙昂貴的鞋子在櫃子，這樣會不會有點超過？」

「當我去拜訪國王，我要花一小時的時間梳妝打扮。當我去貧民窟，我要花兩小時。我對窮人來說就像電影明星一樣，我給了他們所有的愛。我是他們的母親。還要不要再來一點茶？」

伊美黛所屬的菲律賓上流社會，就像是這個國家的癌灶一樣。最有錢的家族擁有西班牙裔的血統，擁有政權，花很少的力氣工作。所有的人都在維護自己的地位，反對任何的改革，因為那有可能讓別的階級擁有權力，他們必須延續這種金錢世襲的制度好讓自己永遠有如此的地位。

馬卡蒂俱樂部成員認為金錢是世襲的，應該代代相傳。在這奢華的俱樂部中，每個人都在一樣的診所動手術，所有的男人都買一樣的名車，小孩子在自己的聯盟裡打球，年輕人只娶俱樂部其他家族的成員。俱樂部成員掌控國會、法官，只有少數幾次機會由演員經紀人僭越了，總統也是。他們認為窮人是世襲的，一如有錢人，沒有必要去改變出身。窮人有屬於自己的命運，只是缺了點運氣罷了。千萬不要有罪惡感，是黃金鐵律必須嚴格遵守傳承給世世代代。

我曾經受邀參加俱樂部的晚宴，由伊美黛的公關部門在馬尼拉的香格里拉飯店舉辦。最優秀的成員都會參加。坐在我身旁的是一個披滿鑽石服裝的女士，還有其他商人也在。有人會問我的工作，我想告訴他們關於達瑪奇歐·澤塔（Dalmazio Zeta）的故事，他是我在通多遇到的男人，通多是馬尼拉最暴力與最貧困的區域。達瑪奇歐有一個空的餅乾盒，裡面有鄰居的名單，上面寫著願意賣腎換錢的姓名。每過一段時間，器官掮客會出現，挑選名單上最年輕的人，安排手術。器官接受者永遠來自馬尼拉的富裕家庭，從最貧窮的家庭獲得全新的生活，繼續徜徉於俱樂部中。另一方面，捐贈者獲得足夠的錢，可以得到比較好的生活。我認為這是一個很棒、具有詩意的，富人與窮人之間的交換案例，同桌的人有一些聽了臉色發白，這可能是第一次面對現實所感到的不適，因為我說了這個器官販賣與開發的故事。有些人顯得十分驚訝，竟然有這種事情發生，而且就在他們之中，就是這個不停端上龍蝦和香檳的地方之中的人，最後有個女人相信這個故事，以流利的西班牙文說：

「這不就代表著這裡的人有多麼慷慨？這可以顯示這些菲律賓人實在太愛抱怨了。」

不用花費太多力氣就可以發現，在應許之地的人性尊嚴會比在上流社會的晚宴還多。垃圾山的崩落，對帕雅塔斯的居民來勢洶洶，不只是因為讓他們居無定所，而是顯示出他們是如何被這世界遺棄，也許它同時顯示居民開始相信這可能是城市唯一剩餘之處，能讓他們驕傲的地方了。

一九九三年所有的事情開始轉好，帕雅塔斯的居民加入帕雅塔斯清道夫協會，為了爭取他們的權益。沒有人伸出援手，即使是政府官員，甚至是最新出爐的總統也不知道他們可以去哪裡，所以他們負責向遺忘他們的世界，爭取一點尊嚴。從垃圾堆發展的資源回收交易在那時候被市政府官員還有當地商人控制，這些人彼此分紅利益。中介商賣垃圾給資源回收的大公司，公司再賣去給菁英業者和新產品的製造商，之後這很棒的輪迴又會回到一開始的地方：應許之地。這些工人花時間清除廢物，但是獲得的價值少於他們收到的，但至少獲得最好的保證就是他們還會繼續在那裡。

之後拾荒者協會改變了這個系統。他們和帕塔雅斯的居民共同合作能夠要求更好的價錢，並且使用額外的資源去改善生活條件。至少當地的學校可以運作。有時候教室會上課幾星期，但毒氣出現則會停止上課，沒辦法工作。社區很滿意看到孩童走路上學的景象，穿上一塵不染的制服，是他們的母親前一晚幫他們清洗的。有一些棚屋和道路已經改善，雨季來時會充滿泥濘的道路，已經鋪平。在垃圾山之間的道路比馬尼拉市區裡的大道還乾淨，每天下午可以看到女性在外面掃地，無止盡的垃圾海的景象的確有些怵目驚心，但是可以激起他們從汙穢之處回收物品的慾望。

當大垃圾桶的滑動在社區裡叮叮噹噹作響時，這裡的居民看到應許之地成為一個令人尊敬的地方。他們看到這個地方變得更好——他們的地方，因為只要大城市的廢棄物未在這裡，就沒有人會想要這塊土地。所有在帕塔雅斯之中的改善，是一個政府向居民做的推廣活動，這永遠都很重要，由板材和紙板搭起的貧民窟，有秩序的可以獲得資料，如果沒有這些，居民就沒辦法去醫院，提起訴訟，讓他們的小孩註冊上公立學校，申請大部分的工作，合法結婚，繼承他們父母親的貧窮財產，還有投票。如果這些證明不存在的話，警察可以對他們做任何想做的事情。現在他們都已經有身分了，應許之地的居民一夕之間變成不可忽視的力量。政客在選舉時候有著敏銳的政治鼻，所以去應許之地請求選票。應許之地的居民是不是應該一鼻孔出氣面對這些政客呢？

政客對應許之地做出許多承諾，但是居民只相信一件事：艾斯特拉達，這個前演員想要佔據總統之位。他們看見自己的總統在電影裡發酒瘋，永遠準備好捍衛手無寸鐵的人民，以及想要擁有國家的權力，就如同小說裡隨時會發生的事情。「這個人不一樣」他們說。「他也住在棚屋。」他們回憶「而且他很努力工作，所以他可以遠離貧窮。他是小偷？好吧，我們的人也算是小偷啊。」艾斯特拉德最後贏得一九九八年的選舉，在國家的民主發展歷史上，獲得極高票數，真是多虧了他平凡的出身。

當巨山向下重挫，帕雅塔斯的居民希望總統可以從銀幕上躍下，拯救他們。但是領導人早就已經忘了他的出身。他花了許多時間想要贏得馬卡蒂含著金湯匙出生的人的心，這是一個永遠不會接納他的團體，只是伺機等待將他踢出去。艾斯特拉達不是他們中的一份子，也永遠不會是，不管他做了甚麼。總統承諾補償災害的受難者，讓他們都能回去工作，關閉垃圾掩埋場，但是五個月過去了，他只做到最後一項。有一段時間，卡車不再開往應許之地，政府當局尋找別的可以放置馬尼拉垃圾的地方。整個大都會地區變成大型的垃圾掩埋場：街道上聚集許多垃圾，帕雅塔斯的垃圾山不停縮水。

有些應許之地的居民接受政府給的建築工作，但是人們害怕離開，放棄這輩子可能唯一獲得的保障。即使所有的事物都在你身旁，你努力去賺來的一塊錢，也很難獲得。人們開始感到絕望。清道夫協會開著無止盡的會議直到午夜。他們辯論究竟該怎麼做，現在如何活下去，直到暫停三個月之後的某一天，大多數的人投票贊成垃圾還是應該回來這裡。他們去政府官員辦公室示威遊行，帶著標語，「誰可以餵飽我的孩子？救救窮人吧。把垃圾帶回去。」政府官員才剛剛抨擊城裡的垃圾危機，瞪著每一個人，驚訝地說不出話來。他們不相信他們的卡車，他們真的開始又裝滿城市的垃圾了嗎？政府到底做甚麼？不是應該滿足人民的願望嗎？

卡車回來的那天，果斷的速度宛如一支軍隊，他們被歡呼聲包圍，許多居民等著，鉤子和袋子已經準備好了，當第一輛卡車倒出裡面的垃圾，每個人衝向這些廢棄物，就像唐吉軻德衝向幻覺的風車，那有滿滿一池乾淨的水。他們看見了寶藏，別人只覺得是垃圾；看見食物，別人只覺得是廢物，別人會覺得苟延殘喘這是病了，所有的事情都回到一開始的樣子。艾斯特拉達總統又回去凌晨四點醉躺於床的日子，只有雷內必須離開家去賺錢。

不過雷內和總統在垃圾戰爭之後也不是沒有改變，男孩活著已經對可能會來的卡車不抱希望，他不再去垃圾山的泥濘中打滾了，而是早上去上學，帶著飢餓感上床，不過比以前都還要乾淨了。在他自由時間，他和他的朋友可以去奎松市（Quezon City），離應許之地不遠，用他們在十字路口乞討來的錢，去買一瓶汽水和一點食物。這是第一次他可以想像遠方的生活的模樣。

總統的部分就不太清楚了，不過他有了一些改變，艾斯特拉達竟然變成窮人的捍衛者。他想要改善這些讓他當上總統的窮人的生活已經失敗，不過至少加速他們生活的改變，讓他成為上流社會眼裡的弱勢。因此當大城市開始傾倒任何他們不想要的東西給應許之地，馬尼拉也同樣密謀著想要把總統丟進垃圾桶。

當外來的馬可仕和紅衣主教在十五年之後出現，最負責任的獨裁政權出現，對於這跛腳的演員轉政治的白癡耐心盡失，總統總是讓酒精做決定，即使他好像有與國會開會。對於他貪腐的指控已經蒐集好證據，國會的回應過於短，教堂管理馬尼拉的中產階級，反對陣營和軍人，看見一個絕佳的機會可以把總統趕出去。

看著馬尼拉街上的示威民眾，遊行充滿著舞蹈、音樂和慶祝，我想這很清楚的可以知道，菲律賓的民眾可能沒有看過手冊，他們不知道要怎麼革命吧。他們臉上沒有憤怒，可能菲律賓人不想讓自己看起來比其他國家的人嚴肅。示威者決定以歌唱向總統致敬，穿著傳統服飾，在人行道上邊走邊吃，使用文字訊息傳達反對之意，由手機所號召這個首度政治上的動盪。紅衣主教，副總統和未來的領導者——葛洛麗雅·雅羅育，擁有EDSA（Epifanio de los Santos Avenue）大道的擁護，那是權力的象徵，也象徵馬可仕政權的瓦解，那些階級的人歡欣鼓舞著總統得滾回到貧民身邊。喝著酒的總統哭泣的樣子就像小男孩，孤單又貪杯，他的一位部屬走進他的房間，告訴他現在必須離開總統官邸。

「我曾經對人民做了多少事！」艾斯特拉達放聲大哭，頭敲打著桌面。

上流社會非常高興，終於再度奪回權力：雅羅育，馬卡蒂的女王。將軍們也很滿意，顯示出這社會仍然由他們控管，主教同樣開心，因為教堂可以顯示所有善的一面以及對抗在菲律賓的魔鬼。

有些人不是很開心，窮人覺得被背叛，雖然現在他們也沒有甚麼好偷，甚至威脅要讓前總統重新掌權。有些應許之地的住民聚在一起，建立一支小型示威軍隊去參加反對革命。他們仍然愛著艾斯特拉達，即使他無法兌現諾言。看著他被拉下台，這種感覺他們再熟悉也不過，他們就原諒了他不曾在需要他時來救援。警察把他們載回去垃圾堆，即使是最不識字的窮苦農民，也不想要看見他宛如被上吊的樣子。

當遊行結束，我看見菲律賓仍有著舊傷。回去香港的飛機上，我和我的朋友沛嘉，菲律賓報紙Helsingin Sanomat的負責人。沛嘉坐在我身旁，和空少點了一杯酒，將他的椅子攤平，「這份工作很不可思議吧？我們就在這該死的革命中呢！」舉杯致意後，他補充：「所以已經改變的事情又再度回復原狀了。」

當車子往應許之地往前開時，一個刺鼻鮮明的氣味竄出，就像我遇到雷內那一天一樣。我想回到那一天與他相遇的時光。五年是一段很長的日子，但對於應許之地或許是永恆。我覺得我以前也有過一樣的旅行經驗，幾個月前，我在柬埔寨的俄國醫院遇到波蒂，然後我又回去確認那個穿粉紅色洋裝的女孩是不是仍然活著。現在只是相反了。我不再去我離開他的地方找他，因為我希望他的生命已經改變，也許他已經消失走去生命的另一頭。

往垃圾場的路上，我想像過不同的可能性。我坐在我抵達查爾家的棚屋前，我問關於雷內，他說他已經和家人搬去別的地方了。我想也許愛德波多找到一份在民答那峨島的工作，把所有人帶回去他出生的地方，沉湎於回憶中的椰子樹和鹹鹹的海洋味道，那裡海盜仍然主宰一切，不過離馬尼拉很遠，但馬尼拉也未曾有人邀請他進來作客就是了。「菲，我們走吧。」他可能這麼對他的妻子說。「我寧願兩手空空的回家還比較有尊嚴，都比看著我的小孩在垃圾堆裡被羞辱好。」

我離開的那天，垃圾山仍然高聳。我走進它的基地，碰見一個人，他花了許多時間確認每一戶人家走失名單。你的小孩走失了嗎？你太太不見了嗎？兄弟姊妹？表親？

「至少有上千人。」他對我說。他不承認官方公布的二一九人死亡數字。「他們認為我們太笨，我們根本不清楚失去多少小孩。可是其實他們還在垃圾堆底下。」

現在抵達的垃圾已經有總量管制，所以垃圾山不至於在雨季來臨時高到崩塌，有些家庭，住得很緊密，以面對可能來的災難，或者已經搬去蒙塔班，一個鄰旁社區。垃圾山仍然高聳，雨季來臨時，從頂端往下看，彷彿時間已經靜止。看著遠方，整座城市好像很近，但其實很遠。那是另一個星球。卡車不停開往應許之地，人們已經等了許久。我看看四周我開始明白：我可以選一個挖垃圾的男孩來告訴我他的故事。他會在早上四點起來，試著填滿他的袋子，他會擁有開卡車的夢想，帶著空空的胃袋上床睡覺。這不是貧窮使某些地方不公平，而是貧窮的痛苦不變，無法動搖的平靜，假設甚麼都沒有改變，就不用去抱怨游泳有多困難，你永遠會絕望的在海裡面溺死。這不是貧窮，而是貧窮本身的無法言語。它的不動如山。

我無法挑選任何一個在我身旁的雷內，我試著回想他的路徑，回想當時他指引我如何去他的棚屋。我走下山丘，走到垃圾山的底端，在山的前面我顯得如此渺小，我發現他們家以前的棚屋，謝謝當鋪老闆的金項鍊，讓我看到水泥牆。沒有人在裡面。我問鄰居，有個女人告訴我全家已經搬走了，雖然沒有我想像得遠。她帶我穿越主要街道，經過魚市和一堆蒼蠅，經過教堂和歡欣鼓舞的政治反對者，那些說會給他們承諾改變的人。在街道的尾端，看見了因為坡道傾斜，而產生的小窩。

「他們住在那裏。」女人說。

一個有著咖啡色皮膚，突出的大耳的小男孩，打開了門，他沉默地站著，之後笑著說「外國人。」五年過去了，雷內沒有長高幾公分，他的身體還是像個小男生，但是皮膚的感覺已經有十五歲了。菲站在爐火旁邊煮飯，這幾年悲劇讓日子過得有點艱難，菲說，雷內過得更辛苦。他的妹妹已經會幫忙，年紀比較大的哥哥們都結婚了，要不就是盡可能地遠離這裡。有時候會寄錢來，可以讓這家人搬去新的小屋，讓父親可以遠離垃圾，站在遠處看看這座巨山。

雷內告訴我他不想再開垃圾車了，不想要按著喇叭告訴大家他來了，也不想帶著新的寶物來給大家。

「等我十六歲的時候我會去當兵，盡可能地離開這裡。」他說，看著愛德波多，想得到允許。如同他父親年輕的時候，雷內現在也懷有夢想。命運或許可以這麼決定：他離開這個地方，搭上火車，走得越走越遠，尋找屬於他的應許之地。

泰迪

他們四周都是屍體，沒有人知道該怎麼辦。泰迪躺在地上，死於槍傷，這是唯一證明軍人用子彈攻擊他們的證據。事情發生在阿天瑪加雅大學（Atma Jaya），他們把泰迪帶去一間教室，匆匆地布置了一間太平間。有幾個學生唱著愛國歌曲，讚頌著殞落的英雄，有一個黑髮女孩，眼眶含淚，在黑板上寫下那些在最近反對政府的人的名字，西吉、魯克曼、穆查米、諾瑪、黑魯、泰迪……。

他們在討論由誰打電話給泰迪的父母，以及應該跟他們說甚麼。幾個小時前，這些學生無畏地面對上千名武裝士兵，但是現在，一片混沌，他們緊張地往前往後，像小孩子一樣爭吵著，找藉口脫離這個令人恐懼的任務。

「我們應該告訴他們真相。」其中一個人，提高音調對著他的同伴說。

「我們應該告訴他們，他已經受傷了。」其他人回應。

「但是他已經死亡了，不是嗎？」第三個人說。

「我們會說他是突然死的。」

人有可能立刻死掉嗎？有沒有可能找到比秒更小的時間單位，在這之間一個渺小的時間片段，我們被子彈襲擊了，我們倒落在地上，這就是我們知道的結束嗎？立刻死亡，這樣有比較好嗎？在完全不了解的情況下離開，沒有任何機會跟自己告別，或者是還活著的時候，看劊子手最後一眼。

更早的幾個小時前，泰迪並不知道有可能會死。生命還沒向他顯示，壞事可能降臨在任何人身上，他的無知讓他免於害怕。一個印尼科技大學的年輕學生，和其他大學裡面志同道合的人，一起加入國會前的示威遊行，要求真正的民主改革，拔除政治裡面的軍人勢力。警方封鎖了好幾條街道，將近有二公里遠，在市中心的賽馬吉橋。安全警戒的樣子就像過去的戰時戒嚴。在警戒線之前是鎮暴警察，瓦斯、盾牌和木棒，警察配備自動武器，在更後面，是特種部隊的士兵，跟著裝甲運兵車且配備步槍。如果前方的警戒線守不住的話，士兵是唯一有資格允許射擊的人。他們可以確保有罪不罰，也很習慣利用這個優勢。

學生的隊形非常混亂。每個人都想走到前頭。他們的武器是嘴巴——拿著旗幟、口號標誌和擴音器。當兩方人馬面對面，學生嘲笑士兵還有他們的武器。一個年輕人爬上一輛老舊巴士的頂端，叫他們放下槍。「回家，不要服從任何要求你們開火的人，你們覺得人民是甚麼？那些政客花了一整天坐在國會裡面，用他的屁股暖他的椅子，但是我們呢？加入我們然後向政府開火！」

一小時過去了，學生和士兵持續對峙。學生想要通過，但是士兵斥退他們，阻斷他們的路。這種缺乏溝通的對話十分引人注目，因為士兵和學生是同樣的年紀：有些人是成人，有的十七歲或十八歲，最多大約二十歲。這些士兵的生命無法有太多改變，反觀學生那一邊也是相同的命運。如果這些士兵的父母，能夠有錢供他們讀大學的話，他們也許就不用站在這拒馬之後了。

當夜晚來臨，士兵都累了。盾牌、盔甲和武器很重。經過這五味雜陳的下午之後，官員也都還沒有吃飯。一位官員，穿著一塵不染、胸前還有勳章的制服，拿起擴音器宣布，「任何不是武裝部隊的成員，或者是記者團，都必須立刻離開這裡。我重複，任何不是這其中的成員……」

從學生團體裡傳來另一個聲音：「你好好保住你自己的位置吧！」

過了一會兒，催淚瓦斯開始噴向學生。雅加達的空氣頓時聞起來就像胡椒和薑。我曾經嚐過。晚上，當我返回艾美酒店，寫一些關於示威遊行的事情，透過通風良好的窗戶，瓦斯蔓延入我的房間，當我看著警官和學生，在蘇迪曼（Jendral Sudirman）街上彼此追逐。我的眼睛開始流淚，電腦在眼前一片模糊，我必須一直拿水拍打我的臉。

學生自有方法阻擋催淚瓦斯的效果：他們用手帕摀住嘴巴，塗抹牙膏在眼睛的周圍，舒緩刺痛。他們唱著：做吧不要流淚／捍衛真理／做吧不要害怕／捍衛真理……。

卡車載著高壓軟管抵達，水柱噴向學生。他們就像骨牌一一倒下，但是之後又站起來繼續前進。他們唱著：我們一起前進／我們獻給你／我們的祖國。

警察的防衛線被突破，這些學生——如果他們不是擁有很好的組織，也會被擊破。一些士兵站在最後一道防衛線，唯一的指揮官下令準備射擊，士兵蹲下瞄準這些敵人，這些能夠輕易被擊倒的敵人。在拒馬的後面，士兵被交代學生是其他團體，他們想像著要打敗這些危險的敵人，但在我眼中看來只是沒有武裝的年輕人。當他們開槍的那一瞬間，看不到人民，只看到敵人。

幾聲槍響之後，人群往四方分散。有些學生跑向人行道，躺在那裏，仍然揹著他們的背包。他們為改革（reformasi）哭泣，改革驅使他們進行長達數月的抗爭。現場傳來膽怯地、步履蹣跚的哭聲，在一片混亂中尋求幫助。最後一次他們看見泰迪，就像其他人一樣奔跑著，他背對士兵，跳過燃燒的輪胎，消失在催淚瓦斯的煙霧中，他的臉上塗滿一紅一白的印尼國旗。當夜晚的微風清除了煙霧，學生已經不在原本的位置，士兵因為勝利而大笑且跳舞。泰迪呢？有沒有看到泰迪？

他們搜尋屍體，但沒有人知道該對他怎麼辦。艾斯和我抵達阿天瑪加雅大學，那時還不知道我們能不能幫學生解決問題。艾斯在法蘭哥獨裁時期移民到西班牙，在象牙海岸的中國餐廳工作很多年。當他回到印尼，找到一份在西班牙大使館的工作。坐在他的摩托車後面，我們一起見證了許多遊行，穿過軍方的查哨站，幸好我有西班牙的身分證，所以我們才可以跟著學生的示威隊伍，穿越整座城市。當我跟他說他比較醜，我比較帥時，艾斯笑了，我們可以假裝我們是在那危險的一年中的蓋．漢彌爾頓（Guy Hamilton）和比利・關（Billy Kwan）。記者最喜歡彼得威爾（Peter Wire）的電影，那些都是描述蘇哈托將軍政權的事件。記者這項工作，因此顯得特別冒險犯難和羅曼蒂克，就像我們在學校時的想像一樣，直到認知到這與真實世界有多麼不同。「你負責文字，我負責照片，我可以當你的眼睛。」關在電影裡這麼對漢彌爾頓說。艾斯帶著我們穿過查哨點，幫忙翻譯印尼話（Bahasa），幫我拍許多照片，而我負責邀請他來艾美酒店的黎巴嫩餐廳吃晚餐，這可以提醒他仍是地中海人。

學生很興奮地歡迎著我們。

「記者（Wartawan），記者！」他們對我們大叫「記者」這個印尼話。

他們帶我去看泰迪，掀開他臉上的白色屍布，他們指著他身上的傷口，請我們拍一張照片。我拍了，他們都如釋重負地歡呼，因為他們知道在對抗印尼武裝部隊這件事情的證據紀錄，似乎不太夠。

這是我第一次作為亞洲特派員的任務，也是我第一次看見有人被槍殺。我曾在那臨時搭起的太平間的記憶，已深深地腐蝕了。可能因為住在亞洲之前，我就已經與玩世不恭的魔鬼交手過，這麼多年也遇過許多不可避免的掙扎，常看到殘酷費解的悲劇，那是一種特別的、只會降臨在記者身邊的世界。

那是一場我預見會輸的戰役，這種戰役通常會被充滿勇氣和熱情的男女所鼓舞，即使是在蒼涼當中與魔鬼作戰。

隔天報紙登出這張照片，標題寫道：軍隊使用「真實的」子彈，對抗沒有武裝的學生。泰迪是這場悲劇的犧牲者，現在他終於可以安息了。

死去學生的朋友終於動起來要打電話給他的父母，告訴他們，他已經被軍隊殺死，當場死亡。電話另外一端，沉默。當父親來看兒子的屍體時，沒有呼天搶地。他沒有掉下任何一滴眼淚，或者問這是誰的錯，或誓言復仇。他安靜地站在屍體旁邊，幾分鐘後閉上眼睛，說：「真主也許就是想安排他以這種方式離開。」

在他死後的兩天，泰迪的葬禮在雅加達的卡勒墓地舉行，那是一九九八年十一月十五日。參加的人有他的父母親：艾迪與瑪麗亞、三個姊妹：莉法、林、尤莉、學校系主任和老師，以及將近三千名的學生，穿著代表各自不同的大學的有色衣服。泰迪最好的朋友在他的墳上獻花。當掘墓人結束他們的工作，瑪麗亞的哭泣，打破墓地裡的沉默，她的女兒們得拉住她的媽媽，才不會讓她也跟著想去死。學生們一動也不動地等待泰迪一家離開，好讓這群同伴能夠以他們自己的方式告別。他們都還沒有跟泰迪說再見：他們來這裡對他說，無法沒有他而繼續活下去，無論參加了多少喪禮，無論有多少同學來說再見，沒有人可以埋葬讓他死去的原因。學生的聲音顫抖，當他們見到他母親的痛苦，都哭了出來。每個媽媽都應該有自己的小孩相伴，而他們則失去了摯友。

學生大叫真主是最好的：真主偉大（Allahu Akbar）！

「真主偉大！」所有人跟著重複。

短短幾個月前，雅加達大學的學生完成了一些無法想像的事情。在幾週的示威之後，他們在教室籌備了反抗活動，在一九八八年五月佔領了國會，強迫蘇哈托總統下台。獨裁者已經統治印尼長達三十年，他是東南亞最大規模軍隊的司令，由一幫亂髮的孩子和偉大理想所拱上的。學生在他的統治之下出生，他們不知道太多事情，也從未受過他們父母親嘗過的苦。令人驚訝地他們接受了可能死於民主的危險性，即使從未接受過第一手的民主概念，即使會捉襟見肘而失去它。通常都是如此發展：年輕的學生解放年長者的憂慮，試著改變這個遭受欺壓的國家，無論是否冒著生命危險，但過了許多年，危險仍然存在。就如同北京的獨裁者直接開坦克上天安門廣場，或是一九九八年八月和二〇〇七年九月緬甸的將軍，在仰光摧毀民主運動的反對者。關於努力的勇氣、逝去的生命，也沒有辦法帶來任何改變，獨裁者仍然擁有權力。世代必須更迭直到最後一刻，當野蠻的過去成為歷史，恐懼消失，然後其他的學生領袖再度走上街頭。

印尼大學的學生擔心這場革命無法成功。是的，蘇哈托下台了，但是他建立的制度仍然存在。新的總統管理民主過渡時期，他是蘇哈托的右手，哈比比。他是軍隊的領袖，造成學生的死亡，另外魏蘭托司令還是擁有他的職務。國家的上流階層，解除了蘇哈托所擁有的權限，他收到簡易的退休令，必須退休，回去他的雅加達豪宅。他曾是一個喜歡服務西方的獨裁者。人權老將李德曾經描述過這個簡單的數學問題：「如果你殺了一個人，你就應該去坐牢；如果你殺了二十個人，你應該去精神病院；如果你殺了兩萬人，你會得到政治庇護。」如果還有更多——就像在印尼的微笑將軍，你偷了上百萬的錢，把國家的財富瓜分殆盡，分給你的小孩，再去入侵和摧毀別的國家，例如東帝汶，最後以你之名完成侵略，你被允許退休而且安享天年，沒有人會煩你。

泰迪和他的同伴認為被欺騙了，所以決定持續抗爭。他們在阿天瑪加雅大學科學教室，創立了「中央指揮部」。有電腦、收音機、電話、耗材，以及示威抗議者需要用到的地圖。印尼的人民諮詢大會，立法主體由軍人、既得利益者、企圖想要碰運氣，藉著民主運動讓將軍下台的人所組成。除此之外，國會允許將軍保有他的一席之位，意味著軍方仍具有在國會的勢力。學生畫著新的示威標語，租巴士，決定前往國會要求廢棄舊的制度，因為這制度迄今仍然苟延殘喘，即使好像已經在政治上驅離了軍方，並且已經對蘇哈托總統做出了審判。市中心的賽馬吉橋依舊被封鎖，空氣中充滿胡椒與薑的味道。

泰迪呢？有人看見泰迪嗎？

愛上自己的國家，就如同愛上一個人，看待她，無論任何理由，都無法使你看見別的事物，同時將會與她產生特別的連結，被她的性格所吸引，產生奇妙的強度。然而這些國家利用你被吸引的狀態，使你無法注意到他們的缺陷，你會持續想要發現他們的價值。你想要回到過去那個已經被遺棄的國度。印尼對我來說，就是那樣的國家，當我抵達印尼，我知道，我可能無法去別的地方，因為他們可能將我蒙上眼，不需花費多久時間我就會出現在機場，然後我就會認知到，我只是剛從一個有著辣甜的丁香雪茄氣味，以及雞蛋花香味的地方離開。

印尼隱藏著不為人知的一面，使他的人民變得難以預測，不過我知道那不為人知的一面會令人驚奇地目眩神迷。人類所擁有最糟和最好的情況，在這裡都顯得粗糙不堪，在別的地方，我們的美德和錯誤所呈現出來的事物，都被時間所覆蓋了，然後被世俗的框架擦亮。在印尼我目睹過最野蠻的暴力——婆羅洲的馬杜拉斬首行動，我曾在雅加達的街上看見有人因為被暴徒毆打，不停痙攣致死，我曾看過許多政治的無奈與推諉姑息，例如爪哇肯登山上巴杜依部落的自治，他們是帕達達蘭公主（Pajajaran）的後裔，固守在山上自給自足，不需要政府、電視或是物質主義。連將軍也不敢進犯雷池，恐懼於某一種迷信，因為傳說只要有人進犯巴杜依的領土就會有惡疾降臨。蘇哈托曾經侵略、征服、竊占和摧毀許多地方，但從不敢踏進巴杜依的森林，即使它距離雅加達只有一百公里遠。

印尼的特色總是與土地的破碎有關，幾千年前由於地球底部的火山爆發使印尼分裂成上千座島嶼。這樣的過程一定非常曲折，因此產生上千座島嶼，也在這範圍之下，形成地球上最多群島的國家。荷蘭的殖民者首度來到，從船上的甲板上一一數過島嶼，並不令人意外總數比一千還少。不久之後，製圖師從空中俯瞰，畫下線條標記每座島嶼，那時大約有一萬三千座島嶼。當飛機與製圖師開始利用衛星攝影系統，現代的製圖師統計印尼至少有將近一萬七千五百零八座島嶼，至少三十種民族，五百八十三種不同語言和方言。

蘇哈托將軍十分清楚印尼的多元性，就像一幅奇妙的拼圖，當他從公民那裡偷竊或削弱政治對手時，佔領這些地方能讓他感到愉悅。根據荷蘭殖民者以及蘇哈托所建立的移民政策，國父蘇哈托發明了無與倫比的概念：為什麼不把爪哇島上政治中心的上千位居民，遷移到印尼最大島，搬到國家最遙遠的地方？蘇拉威西、蘇門答臘和婆羅洲將會變得更文明，國家在爪哇人的影響之下可以趨於一體，人口與資源能夠對國家更有貢獻。

在馬杜拉，爪哇東邊海岸的不毛之地，不難發現隨時都有志願者想去婆羅洲，馬杜拉人透過一項政府的計畫移民到婆羅洲：承諾給予工作、免費教育、一塊土地和政府的優惠。為享受政府的好處，新的搬移行動迅速展開，並且立刻建立了既得利益者的階級，爪哇人也從其他地方而來，做許多馬杜拉人的生意，砍伐森林，但這些森林是神聖的，像最早的原住民部落達雅族就如此認為。土著居民眼睜睜看著他們在祖先建立的叢林裡越來越沒有權力，同時高速公路又將貫穿整座森林。新的工廠在村子外蓋好，卡拉ｏｋ俱樂部的霓虹燈在夜裡閃閃發亮，但是在這之前，那裡只會看見柴火堆的火光。

九十年代初期，達雅族已經開始反抗四周的改變，將近三年、還是四年的時間，屠殺了馬杜拉的移民。達雅族原住民與馬杜拉移民之間的緊張關係一觸即發，最後達雅族決定，時間最終會找出解決答案。所有的人都宣稱他們是受最高統帥的指示，因為不可能因為犀鳥身上出現不一樣的彩虹顏色，就讓父母親或是更上一代的人開戰。如果有人懷疑統帥所言是否屬實，即使有些事情的確不是真的，例如下令種族屠殺，怎麼會是領導此地的方式，但他們只能保持沉默。那天晚上達雅族把刀磨亮，將砍刀綁到竹竿上，將毒藥塗在箭上，把自己灌醉，向他們崇高無比的首領承諾，婆羅洲叢林的守護者將會回來重建秩序。其他人必須死，女人小孩都必須死，財產必須燒光，任何設法逃走的人都不准回來，因為他們已經一無所有。

在這些移民者來臨前，所有的事情將回到原來軌道。

馬杜拉人意識到應該逃跑，當他們注意到第一個被發現斬首的頭出現在村子裡，漂流在山埤的水流中。有些人跑向叢林，但沒人知道叢林是不是比達雅族好。他們像動物一樣被獵殺。有些人收拾好自己的財產，試著往海邊跑去，想著可能達雅族無法及時把路堵住。結果他們在車上被拖出來，在路邊被殺死。政府派了士兵和警察去救援，希望及時趕到前，馬杜拉人能夠自保。那裡沒有權威當局可以保護馬杜拉人，沒有目擊者願意告訴他們實情，沒有國際電視台願意描述他們的困境，所以他們最後集體地消失了。這是印尼最原始和野蠻的事件。發生在二〇〇一年初，這個世紀的新開始。

當我抵達帕朗卡拉亞，加里曼丹省的首府，婆羅洲四省中的一省，其中的土著部落堆積上千具頭骨在拉馬旅館的地下室。躺在城市入口處的路上有兩具屍體，二個分別是五歲和六歲的女孩，他們的頭和身體分開就像洋娃娃一樣，臉上仍是充滿稚氣的表情，她們的頭髮蓬亂，眼睛很大，也許到最後一刻她們終於發現這不是在玩遊戲。

達雅族斬首了那些無辜的犧牲者，喝他們的血，吃他們的心臟，相信這非常滋養的器官能夠增強力量，並且榮耀他們不可見的領袖。上千名士兵，配備裝滿毒藥的彈藥、茅和刀來歡迎我，領袖阿古（Acuk）的眼裡，布滿血絲與憤怒。當他看見我，表情忽然變了，他竟然對我笑。很難理解為什麼一個人昨天是木匠、電工、計程車司機和父親，今天卻變成數他們所殺的鄰居數量的人，並且爭執誰應該吃心臟，以及下個攻擊為何。我問阿古，當他調查所有的死者人數和見到眼前的一片荒涼時，他是否感到後悔。

「另一邊的人只能死。」他重複。

不久，當他詳細告訴我這些天他如何吃這些無辜者的肉之後，阿古靠著我的肩膀，問我願不願意留下來用晚餐。很明顯他知道我的菜單上應該會有「人血」，可能有香雞佐一些薯條，但我一定無法忍受的。

「不好意思，我不餓。」我說，試著不要看起來病懨懨。

「明天怎麼樣？」他問。

「也許再找別的時間看看……」。

人類學家有機會應該能研究一下達雅族，為什麼他們從地球上一個如此友好、又樂於溝通的民族，會轉變成食人族。為什麼暗黑的獵頭神話又從婆羅洲回來了，從將近兩世紀前，他們斬首第一位在卡布亞河邊的荷蘭外交使節喬治穆勒，時移事往，卻沒有任何改變？即使現在天線已經出現在原住民的屋子上，然後基督教傳教士能設法帶領大家，在週日上教會？

或者也許這才是真正應該問的問題，所有的事情是否都改變了？

蘇哈托看著他的印尼拼圖碎成上千片之後，藏身於雅加達的豪宅，享受著退休生活，將原本的日子保留給那些大屠殺的人，以避免進入監獄或精神病院。從學生的手裡免職之後，他把那些曾在叢林裡撕裂過對方喉嚨的民族混在一起，讓穆斯林和基督徒在摩鹿加群島（Moluccas）屠殺對方，在亞齊省和西巴布亞的分離主義分子一直反抗，伊斯蘭的恐怖份子也曾燒毀過峇里島的夜店。過了幾十年，獨裁者終於把這個國家的巨大壓力鍋壓制住，但是當他失去權力的時候，一切又爆炸了。蘇哈托應該十分享受這一切：他是唯一的暴君，能夠在心裡將好與壞通過臍帶彼此連結，只是為了他唯一的個人利益。他理所當然地認為如果國家分裂，人民必會追憶往日他曾掌管過的一切，哭著希望恢復新秩序（New Order）。但是學生依舊無止盡地舉行示威遊行，每天跑去他的豪宅外，或者在隔天佔領雅加達的市區。

然而印尼國對於某一塊拼圖，似乎不曾覺得有甚麼損失或是痛苦，島嶼東半部的東帝汶曾是葡萄牙的殖民地，直到一九七四年，最後一艘葡萄牙的船艦離開。蘇哈托帶著受到祝福的武裝部隊，以及美國提供的武器，決定花最短的時間入侵，此後超過四分之一個世紀，他的軍隊蹂躪著那裡的人民，而世界上的其他地區國家對此仍然無動於衷。

當蘇哈托失勢，最新接任的總統哈比比，受到國際社會的壓力，必須對人權問題有所表態。在一九九九年的夏天，印尼政府決定，丟給東帝汶人一個選項，讓他們公投：要繼續成為印尼的一部份還是獨立？對當地人來說，這就像是一個殺了他們的爸爸、性侵害他們的姐姐又污辱他們全家的人，最後還邀請他們來這裡吃晚餐的感覺。我無法採訪那次投票，因為我正在舉行婚禮，與來自馬德里的未婚妻卡門，當我對她說「我願意」的時候，東帝汶正對著印尼說「我不願意。」兩者都立即地實現了，我結婚了，東帝汶離婚了，也都有了新的、倉促的開始。

印尼軍隊決定如果東帝汶不想變成印尼一部分，就不能是其他任何人的。因此，摧毀領土上的建設，我那時在龍目島，森集集海灘上作日光浴，啜飲著性愛海灘和龍舌蘭日出的雞尾酒。有一天下午我打開電視看新聞，那個將近四分之一個世紀不受注意的地區，卻突然登上新聞頭條。全世界的領袖都表態，彷彿昨天才發現東帝汶被突擊一樣。專業的印尼軍隊摧毀東帝汶的鄉村和房屋，聯合國組織是這項投票的始作俑者，以一如往常的解決方式：當事情變得醜陋時，就疏散派駐的人員，然後遺棄東帝汶任其自生自滅。

報社試著聯絡我好幾天了，知道我正在「某座印尼的島上」，靠近東帝汶的地方度蜜月。我覺得我就像消防隊員，雖然正躺在自己家的游泳池畔休息，但是隔壁正好失火，所以我得去救援。記者這一行從來都不是那種回家就能脫下制服，拋下一切到腦後，隔天早上再衝向辦公室的工作。你是一個時時刻刻都必須準備好的記者，不管你剛起床或你正打算睡覺。這是一個終生的承諾，必須見證著這世界的不公不義。沒有人逼你做出這樣的承諾，如同沒有人逼你要當婦產科醫生，一周得要幫人接生三次。但如果你接受這樣的角色，你有時必須讓你的私人生活放置於一旁。你不能僅享受這最棒工作的特權，而拒絕這項工作的不便。

我的蜜月還有兩天，卡門注意到我憂心忡忡。

「如果你認為你應該去就去吧。」她說。

「但現在是我們的蜜月。」我回答，我的嘴巴緊閉。「我們還有兩天假期。」

「如果你留下來，你也不會玩得開心。去吧，只要可以，再立刻回來，之後我們再去一次吧。」

隔天我們飛往峇里島，我希望搭上飛往古邦（Kupang）的班機，帝汶島西部的首府。那天班機客滿，卡門嘆氣，之後我們發現有個乘客睡過頭，所以有個空位，我急忙趕上，承諾我會回來再補償她。我不太清楚兩天之後，我可能要花更久的時間才能彌補我說過的諾言，我才發現我也不是永遠的英雄，就算我老是夢想可以當個戰地記者。

當你離第一時間已經遲了的時候，你必須去彌補失去的時間，但是這裡究竟發生甚麼事你也不太清楚。所有報導帝力（Dili）投票事件的記者都已經逃去峇里島，而我，發現我前去報導的位置方向好像錯了，我到了古邦又立刻穿過島嶼的西邊，到達阿坦布（Atambua），那是在兩個帝汶邊境的小城，我在主要街道上找到小旅館的一間房間。當他們在對東帝汶攻擊時，專業的印尼軍隊也曾經挑選阿塔布作為他們的休息站，因為澳洲軍隊即將來救援。我要了一個房間，旅館老闆看著我，好像我正在說火星文。

「你是這裡唯一的西方人。」他說。「你確定你要留下來嗎？」

唯一可以打國際電話的地方是一間小小的電話亭，但它已經不能使用。我的手機訊號收不到，我也無法和報社聯絡上。我到旅館不久之後，整間旅館都被軍人包圍了。當他們要撤退的時候，他們留了上百具屍體在東帝汶的街上。唯一一個士兵穿著一件巴塞隆納足球俱樂部的T-Shirt，我想或許可以跟他溝通，我走出去讓他看我的護照，他發現我出生在巴塞隆納。

「澳洲人嗎？」他問。

「不，來自巴塞隆納的西班牙人。」

「澳洲人吧！」他重複說著「該死的澳洲人！」

「不，不，不，西班牙人，來自巴賽隆納。」我試著解釋。「西班牙，法國的南邊，葡萄牙的隔壁。在歐洲……」

我很擔心下一秒也不用管我是哪裡人了，我就變成一具屍體。旅館老闆叫我躲回房間的床下。

「澳洲人！」他大叫！

「他們找你。」他說。

我從窗裡往外偷看，軍隊越來越多，群情激昂。他們大叫澳洲人去死！

照理來說我被誤認的澳洲同胞，已經成為他們的祭品，因為他們不惜奮戰到最後。民兵偷了聯合國的越野車，上面印有標語「現在這裡屬於我們！」以及「去征服它！」在現場，他們的武器看起來良莠不齊，好像他們從另個時代而來：他們帶刀、矛，甚至是弓和箭。有一瞬間，我想起我小時後，曾如此著迷西部電影。主角看著窗外，就像坐在典型的西方荒野轎車，看著這些打赤膊上陣的人湧向旅館，不停大叫歡呼。在這種情況下，約翰偉恩會點起一根菸，檢查手槍中還有多少子彈，喝杯酒等待這群亡命之徒。我試著聽從旅館老闆的建議，躲在床下，但顯然空間不夠。

我很害怕。

這是一種不太熟悉的恐懼，即使在報導其他衝突的時候，我也從未有過。現在，過了這些年，我太清楚這種恐懼，出現在你已經知道旅程的起點和終點。我的腿在發抖，我想著所有我仍想完成的事，現在可能無法達成了。我想到卡門和我的家人。我想像事情最後會如何結束。應該會很快吧？會不會拿我這顆不知道是澳洲還是巴塞隆納來的頭，去踢足球？

有人敲我的門，我的心跳似乎停止了。他們在這裡，這時候我無法做別的事。

「開門。我是來救你的！」

救我？我把門打開而且發現有一隊武裝軍人站在門外。他們攙扶我帶我下樓離開，保護我免於來福槍的射擊，將我放進車子後座。我們邊按著喇叭離開。我看見暴民臉上的失望，派對結束了，他們的願望消失了。我再也沒有見過旅館老闆，也沒有機會問他的名字，他救了我一命，因為他打電話給在警察局的朋友。或者他很害怕他們會把旅館燒了，他是為了拯救旅館而不是我。我想有一天應該回去阿坦布，向他表達我的謝意。

幾天之後，我和第一批軍人以及記者團進入東帝汶，我沒遇過如此的慘狀，直到二〇〇四年從印度洋而來的亞洲大海嘯，肆虐海岸所造成的災害。所有的大樓都已經沒有印尼國旗了，全被燒毀或躺在廢墟之中。不久之後，評估這些災害，預估大約有百分之八十的房子都被摧毀了。上千名人民在最後這幾天，像遊魂一樣四處躲藏，直到看見我們進入帝力才露出害羞的笑容，歡迎我們進入。東帝汶的家園支離破碎，最後印尼士兵一副被羞辱的樣子，在碼頭等著登船。為什麼要留下這最後一塊拼圖，根本不適合印尼啊。難道印尼一定要維持所謂的完整？她是否又是另外一個失敗國家？要靠著那根植於不自然的殖民權力和狂妄自大的獨裁者？我深愛的印尼是否只是另外一個虛構的國家？

這場革命持續著。學生抗議所有的事情，包括濫殺東帝汶、貪汙及民主改革緩慢，然而學生耐心有限，有可能一天又一天消解。那些日子，任何事情似乎都有可能，在雨季的午後，彷彿就像天上降下了鴉片。這座城市的個性難測，幾小時之內可以橫掃暴動，不久後又舉辦喜慶活動。對大學生來說，沒甚麼難得倒他們：他們覺得自己很有權力，可以讓政客向他們下跪，因為這些政客壓迫人民一段極長的時間。強迫總統辭職是他們最喜歡的課外活動。跟隨蘇哈托下台的人又轉跟隨哈比比，還有之後的瓦希德（Abdurahman Wahid），他是首任民選總統。這些領袖在第一次革命之後就已經往前，新的學生跟上改革運動，他們加入不只是因為對於自由的渴望，而是要印上可能已經消失的時代印記。事實上一切已經結束了。印尼的民主，在經過搖搖晃晃的開始的幾次危機事件，已經往前走了。國家在第一次民主選舉之後已經穩定下來，我曾經再度造訪過，不用再去停屍間和聞催淚瓦斯。泰迪的同伴可以對比一下，告訴自己現在這一切都很值得了。

這幾年，印尼對我來說始終非常特別，但我們之間的關係已經昇華了。就如同婚姻，已經失去小說般的火花，但依舊愛著。我並不想一副事後諸葛的模樣看著走過的日子：即使我們曾在這裡冒險犯難，我在乎的是這裡人們的苦難。沒有任何一次來印尼，讓我覺得在做例行工作。

唯一不變的是泰迪在我腦海裡的樣子，每當我進入雅加達的時候總會讓我想起。

或許印尼的人民也不太願意敘說過往。每次來這個國家，我總是很震驚，或許還會有曙光出現。一九九八年抗議的學生走著不同的路。有些人捲入失業的浪潮，有些人結婚建立家庭，有些極少數人開始走入政界，可能加入從業黨（Golkar），那是蘇哈托建立的老政黨，以獲得受薪工作。

然而傷害最深的不是生命已被遺忘，而是死亡也被遺忘了。

史芒義母親協會（The Mothers of Semanggi），是一個像失去泰迪的母親所成立的團體，她們想要讓記憶永存。那些年，他們尋找正義，想要舉行負責任的審判卻始終徒勞無功，或者想要起訴軍方頭子的維蘭托總統，他下令在街上槍殺這些學生。雖然證人的供詞，使用彈藥，屍體的所在位置都指向軍人所為。泰迪的姊姊說驗屍官毫無疑問地，表示是子彈殺死他，從身體側邊穿過身體，經過他的肺，刺穿他的腸。最後在嘴巴裡發現子彈，和印尼特種部隊用的一模一樣。

史芒義母親協會召開會議，整理所有的證據，分析文件，討論還有甚麼能做。除此之外，她們關心彼此，因為她們都知道失去孩子的心有多痛，一味責怪孩子的死並無任何幫助。她們還保有她們的精神，因此就算孩子已經死去，但她們並沒有把他們奮戰的精神一同埋葬。

泰迪的媽媽秘密地去參加這個團體集會，他的先生不知情，她沒有說她要去哪，何時會回家。全家因為泰迪的死變得扭曲了，過去所相信的事物在泰迪死之後都變了，他們分裂成：媽媽瑪麗亞相信全家必須知道真相才能走下去，而且看到應該負責任的人服刑；爸爸艾迪希望放下一切。當我最後訪問他們的時候，從拍下他們兒子屍體的照片到現在，已經七年過去了，但傷口仍舊鮮明。彷彿時間靜止在一九九八年十一月的那一天。

泰迪的爸爸穿著睡衣接待我，他的心情低落臉色哀戚，客廳牆上掛著他死去兒子的照片，旁邊還有艾迪穿著往日時光的軍裝相片。

「你從軍？」我很驚訝地問。

「是，四十年。」他回答。「我已經退休了。」

這挺有道理的，一切都獲得解答了。這些年，艾迪困在他無法動搖的教條中：想要知道誰殺了他兒子以及他一生對軍隊付出的愛之間搖擺；在他所有關於兒子的回憶中，以及可能背叛他的那一切之間。他在泰迪屍體旁的冷靜，可能也意味著他也是把兒子帶向阿拉身邊的共犯，以及種種他拒絕去調查的抗拒。在那張制服相片裡一切都有了答案。他的軍隊支撐著他的家，而且給他活下去的機會。蘇哈托強勢領導印尼有讓世界更尊敬印尼嗎？這些年輕人對所有的事物都不滿，他應該反省過自己，但是當他在看電視的時候，他不知道兒子也在其中。

泰迪死後，當瑪麗亞感到消沉，並且詛咒那些冷血殺死他兒子的軍人，艾迪拒絕看所有證據，禁止泰迪的同伴進來他家，想要提出對軍人的任何指控，他坐在客廳，一副挫敗的樣子，彷彿失去生命中最重要之事，艾迪告訴我他腦中曾有過的推論，好讓他的消失可以讓自己承受。

「士兵不是唯一拿槍的人，」他十分嚴肅地用孱弱的身體使勁地說著。「他們說軍隊殺了我兒子，但也有可能是其他示威的群眾啊。為什麼我要相信一群罪犯的話？我的兒子本來就不應該在那裡，他們騙了他。年輕人只相信他們想要相信的事情。」

「證據顯示可能是軍人。」

「你知道，」艾迪回答，聲音依舊微弱。「我效忠於軍隊許多年，很多人想要說服我，我的指揮官是殺了我兒子的人。我只想再說一次：這不是事實。我的兒子死去是因為阿拉的旨意，我們永遠不知道是誰殺了他。」泰迪比起他的同伴更有可能會站在同軍方的那一方，他是中產雅加達家庭中唯一的兒子，四個兄弟姊妹中最小的，他一出生就已經受軍方照顧了，參加軍方的展演，崇拜父親的制服。他的父親工作主要是文職，效忠蘇哈托總統到最後，隨時願意為國捐軀。他不認為沒有上過沙場會讓他過去的榮耀沾上汙點，「沒有後勤的戰爭不會贏。」當然他也不在意有一天他兒子放學回家，宣稱要像父親一樣從軍。軍隊把男孩變成軍人，他也可能現身在雅加達拒馬之後，懷抱著屬於他的夢想。但是泰迪告訴他有別的想法，他想要去造牆蓋高速公路，讓印尼變得更現代化，更有權力的國家。男孩表達愛國的熱忱，使他的父親無法表達異議，他想要成為土木工程師。

泰迪小時候常和父親出去玩，當父親回家的時候，坐在父親的肩膀上，小學的時候是班長，大學時期擔任學生會副會長。當四個特力薩帝大學（Trisakti）學生被軍人槍擊身亡，引起大規模對蘇哈托的反對運動，他決定加入反抗。他知道這是歷史性的一刻，事情可能會有所改變。每天下午，他和其他學生在大學裡集會，籌畫反對運動，拿著從大學裡借來的詳細街道路橋圖和基礎設施的地圖。他召喚其他大學學生共同參與，募集紙牌標語和租巴士。

當他回家的時候，父母親問他一天過得如何，他說就是念書、考試和與朋友在一起。當父親抱怨大學生永無止境的要求時，他保持沉默。泰迪決定隱瞞這個不開心的真相。他的朋友明白，為什麼他從來沒有帶他們回家。他們要如何向泰迪的將軍父親解釋他的兒子是站在賽馬吉橋的另一邊？

另一方面，瑪麗亞不曾關心過她兒子是不是有參加過遊行。她認為這是理想主義者的決定，年輕人獨有的躁進，就像她年輕時候所嚮往的冒險。當她看到有人扣下扳機，就是那個下令開火的人，她歸咎於這個人。

每過一段時間，鼓足勇氣，她就會嘗試拿出她在賽馬吉母親那裡調查而來的證據，但最近她停止了，自從她發現她和艾迪之間的缺口越來越大，加劇這種痛苦的矛盾。畢竟，這是丈夫所效忠的一切，向蘇哈托效忠長達了30年。要求他改變想法，就如同要他放棄曾經有過的人生。

當艾迪和我討論他的兒子，瑪麗亞每過幾分鐘都會出現在客廳一下，然後看見丈夫不允許她進來的眼神後，她又離開了。我其實在稍早之前已經和她通過電話，她很高興還有記者對這起事件仍有興趣。她告訴我她不會放棄，直到這些有罪之人受到審判。每次她來替我們加茶，她就用眼神和我說話。

「不要相信你聽到的。」他們告訴我。「這不是真的，艾迪不是壞人，只是個備受折磨的父親，他知道究竟是誰殺了他兒子。」

艾迪給我看全家福的相本，他翻著從婚禮開始的照片，小孩出生，泰迪的畢業典禮，然後停在一張滿版的相片，那是在過去的快樂時光，由韋蘭托將軍向艾迪致意的相片，這是屬於老兵回憶的相片。

我打算告訴艾迪我在大學裡，看到他兒子屍體這件事，那是我第一次看見有人受槍傷死亡，我看到其他人將他視為英雄。我打算告訴他那些蹲跪著的士兵，開槍射殺沒有武裝的學生，而且每一次開火都歡欣鼓舞，又笑又跳，開心終於把這些學生擊倒。沒有別的人應該為泰迪的死感到羞愧，除了這群軍人。泰迪的死並非徒勞無功，印尼如今更壯大，有更多的公平正義了。他應該為自己的兒子感到驕傲。

但我忍住了。

當他抽出這張被致意的照片，而對自己致意的人，就是殺死自己兒子的人，我看著一個被擊垮的男人臉上，所露出的失望神情，我選擇把話留在心裡，我相信下次我來印尼，泰迪的模樣依舊會再次出現在我腦海，還有那個在阿天瑪加雅大學留著一頭黑色長髮，正在擦掉黑板上，用粉筆寫下泰迪名字的年輕女生。

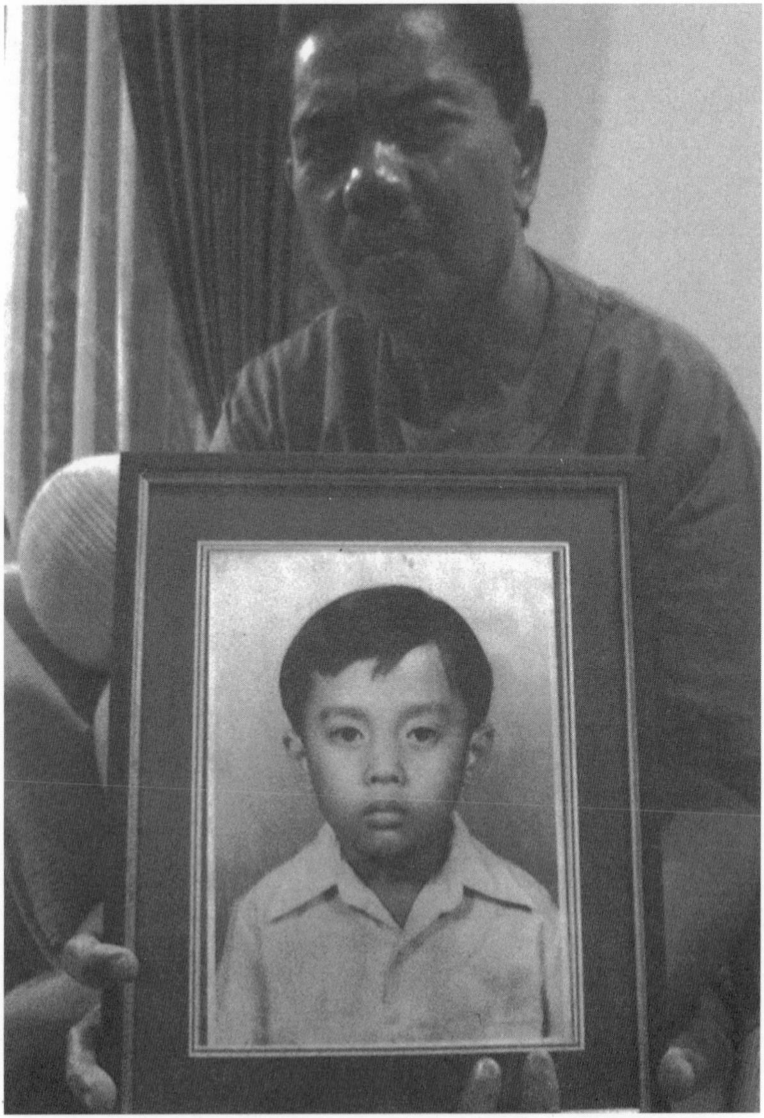

瑪麗亞

我記得在東帝汶昏暗的旅館中曾啃噬著我的那份恐懼，驅走我曾有過的勇氣，然而東帝汶的人在面對印尼的占據時，仍必須堅忍地日復一日支撐下去。我開始想這世界應該是由恐懼所分割組成。

在歐洲，對於恐懼的感受，可能是一條黑暗又空無一人的街道，因此我們寧可待在舒適的房間裡。或者是股市崩盤、失業，也可能是失戀。然而這樣的恐懼只是暫時的，不會帶給我們生命威脅和危險。事實上，在我們平凡生活當中，沒有太多恐懼，所以有時候我們會想去看看恐怖電影，感受一下何謂恐懼。

但在有些國家，恐懼既不會來也不會走，而是存在於人的日常作息，無論晨醒夜眠。例如在菲律賓的應許之地，人們恐懼老鼠會去咬熟睡的嬰兒，所以將小孩放在吊在屋簷下的籃子；在柬埔寨的村子，親戚之間互相爭奪資源。在阿富汗，所謂的恐懼就是從頭上飛過的飛機噪音，同樣的聲音，我們可以分辨那是載著人們去度假的飛機，或是遠處的親戚大聲提醒小孩那是炸彈，一次又一次攻擊，最讓人熟悉的話語是「快逃，去找安全的地方！」卡布爾洲際飯店的老員工——穆罕默德・阿揚，鬍子都變白了，還在等戰爭結束，他邊撫摸著他的長鬍子，跟我解釋：「在阿富汗，降下的炸彈比雨水還多。」

阿富汗的少數民族哈札拉，不停看著天空祈求雨水的降臨，但只是再一次發現天神又降下了炸彈。那是一塊極少受上天恩澤之地，總是處在最慘的人類生存環境。在抵達阿富汗的中心，巴米揚谷地（Bamiyan Valley）前，來自季風的熱氣被高聳的山峰阻擋，只有在國家的東半部才感受得到潮濕的空氣，村莊的中心區域沒有足夠的水能餵養動物或是提供水源給田野。連年乾旱，人們必須走到幾公里遠之外，才能找到足夠的飲用水。路上他們只喝一點點水，剩下的留給賴以維生的動物。整座村子只有一座老舊的氣象站，過去幾十年，記錄每年平均二十天的年雨量，如果天氣不好，甚至沒有下任何一滴雨，穆罕默德・阿揚那句饒富詩意的至理名言將會成真。天上降下的炸彈比雨水還多。

哈札拉人永遠不懂，為什麼從歷史之初，他們就得要去抵抗極端的乾燥氣候，生命已經夠艱苦了，卻還要花其它的力氣，去阻擋深具決心的大自然想要完成的任務。他們有蒙古人種的特徵，歷史學家相信這是成吉思汗經過的軌跡，留下的紀念品和部落，他們圓的、粉紅色的臉頰，扁平的鼻子，他們的什葉派信仰，比遜尼教派更具有優勢，這些都使哈札拉人很容易被辨認、區隔以及消滅。每個入侵者橫掃過巴米揚河谷，都試著要消滅他們，而且幾乎要成功了。

塔利班是最近試圖想剷除他們的政權。他們控制阿富汗，從一九九六年開始掌權直到二〇〇一年退出，伊斯蘭原教旨主義運動組織宣稱，他們相信一五〇〇年前大佛雕像都在巴米揚河谷。他們認為十九世紀哈札拉的轉變，讓佛教變成伊斯蘭教的行為非常虛偽，他們仍然是異教徒。

瑪麗亞有著一雙大眼，圓圓的臉龐，紅潤的皮膚以及鼻子……好吧，我不能說她的鼻子有點像大佛的鼻子。鼻子太扁所以必須要死亡嗎？鼻子高一點就可以活下去嗎？小哈札拉女生已經五歲了，當「穆民的長官」穆罕默德．歐瑪（Mullah Omar）佔據喀布爾（Kabul），使阿富汗變成最糟的國家。洋娃娃或者任何形式的玩具都被禁止，還有飛翔的風箏、電視機、繪畫、音樂和笑容，都不存在，這些東西對小女生來說都太花俏了，瑪麗亞與其他同齡小女生，都要學著不笑。把感情隱藏起來，難以辨認她們開心或不開心，當然也無從得知內心是笑還是哭泣。

塔利班決定關閉學校，所以小女生被下令和女人留在屋子裡。每星期一次，她的叔叔會偷偷地帶她去一處學校，她要蒙上面紗，那是一間來自亞闊郎區納亞克城的女人，所開設的私人廚房，這不是偶然即興的設置，如果促進美德與預防部門的副部長出現在房子裡，鉛筆和筆記本會迅速換成圍裙和平底鍋。女人可以說她們正在學煮飯，除了在家打掃照顧小孩之外，只有烹飪是可以被允許在家之外所從事的活動，瑪麗亞在下午下課之後會回家，媽媽會問她上學學了甚麼。

「甚麼都沒有。」她說。「很難學到東西，因為我們很害怕被抓，然後受懲罰。」

瑪麗亞雖然現在受苦，但她更害怕未來。她的未來會如同她媽媽一樣，如果媽媽外出購物沒有家族男性陪同，就會在路中央被打，在不平等的社會結構中，女性比狗還不如，因為在塔利班的眼中，女性是造成人性扭曲的原因，一種使男性變得脆弱又墮落的惡靈。

道德守護者在古蘭經學校受訓，被限制不能接觸女性，甚至是母親和姊姊。對女性的迫害根植於對未知事務的恐懼。塔利班對小女生恐懼，因為有朝一日她們會成為女性。幼童時期就開始壓迫女性的生存條件，免得她們長大後成為實際的威脅。巴米揚的童年被抹滅，小孩不知如何移轉恐懼。也許不久之後去上學或玩耍就忘了，但是引擎的噪音提醒著他們，那些由反叛軍宣稱要保護他們，免於塔利班荼毒新一波的突襲，或是塔利班軍人口口聲聲說要保護他們免於反叛軍威脅？以阿拉之名為人質，打破了這地方的單調秩序，感謝戰爭使地區的權力轉移，不過這幾乎沒有影響到瑪麗亞的生活。如果塔利班掌權，她就安安靜靜地在家幫媽媽的忙，有必要時才出去。反之如果反抗軍奪回谷地，她照樣被限制在家，因為所有的人都知道，政府會盡快公布一個反突襲的辦法，迫擊砲就會出現了。

「有時候，很多天不能離開房子。」瑪麗亞說。「當那裡開始被丟炸彈，我們必須躲起來。戰爭總是拜訪窮人的地方。我們是窮人，這就是為什麼我們有戰爭。」

那所謂「穆民的長官」是塔利班的獨眼領袖，將厭惡女性的獨裁主義擴散到許多國家，但仍無法鎮壓北部的人民，以及少部分的團體，例如哈札拉以及薩達特（Sadats）。在二千年的尾聲，反叛軍仍舊佔據著巴米揚，仍然抓緊亞闊郎區（意思是美麗之地），那是瑪麗亞居住的地方，他們只好補給一些破舊的蘇聯時期武器。憤怒的塔利班，決定徹底摧毀這些扁鼻子的哈札拉人。塔利班指揮官，阿卜杜勒．薩塔爾（Abdul Sattar），帶領上百名士兵在二〇〇一年一月再度攻占。他大叫「真主是偉大的！」燒毀所有的事物，要每一個哈札拉人男人的頭。

決定誰應該被行刑是件困難的事情：因為看不太出來男孩和男人的差別。如果男孩頭髮長一點，塔利班就會把他帶走，如果沒長很高，又有點男孩氣的樣子，他們就不會把他視為威脅。在阿富汗討生活很困難，很多中年男子看起來都已經八十歲了，但是阿富汗還是有很多強壯的人。過程將會如此進行：任何手上拿武器的都會死。所有事情幾秒鐘就能決定了。塔利班走進屋子然後說：「你站在這裡。你站在那裡。」接著所有的人都被分成要被行刑的，以及看著摯愛的人在眼前被行刑。有些人在在亞闊郎區的中間地區納亞克被抓住了，在肖爾阿巴醫院的後面，在非政府組織歐克斯法總部的旁邊，塔利班用頭巾綁住他們的雙手，一個一個槍殺，確定弟弟看著哥哥死，兒子看著爸爸死。

塔利班接著花了幾天沖刷這塊地方，繼續找出哈札拉人實行槍決，最後到了瑪麗亞的家看到她的父母親、叔叔、嬸嬸還有三個表兄弟。在這個地方，男人，不管是老的還是小的都要趕快逃走，女人躲在家裡等塔利班出現，告訴他們所有的男人都死於戰爭了。這在任何地方都是個荒謬的理由，但對這個國家的寡婦來說不會。

「他們在哪？」塔利班指揮官暴怒的問著。

女人們沉默。

男人在哪裡？其中一個軍人又問了一次。俐落地用馬鞭鞭打女人。男人聽見哭聲就從躲藏的地方跑出來投降了。他們被綁起來帶走，女人在家等了四天，直到第四天她們找了些毯子和補給品，她們組成了一個團體，穿過雪地尋找父親、兄弟和兒子，如果找到的話就把他們現場埋葬了。瑪麗亞的母親和嬸嬸在離家四公里外，找到三個年輕男子的屍體，她們被凍僵了，身上只穿了一件單薄的衣服，無法把他們帶走，因此在雪地裡將他們下葬。瑪麗亞回憶著，我們想用手挖出三個表兄弟的屍體，但只能邊挖邊哭地把他們埋了，所有的人都在哭。她發現父親在屍體旁邊還活著——他太老了，沒有必要殺他了。

他們都嚇壞了，害怕軍人會突然再度回來，女人決定逃出阿富汗。他們想要遠離恐懼，到達巴基斯坦的邊界，不想要再遙望天空尋找不曾出現的雨季。他們決定拋下自己的國家，逃離巴米揚谷地。

雖然沒有人記得，但是阿富汗並不是一直處於交戰的情況，但是對居民來說戰爭已經變成必然的災難，就如同乾旱、地震與寒冬。喀布爾在60至70年代，曾是歐洲背包客最喜歡的終點站，富足的巴基斯坦人會前往阿富汗首都的夜總會去跳舞，女人冬天可以穿牛仔褲，夏年可以穿裙子。但是阿富汗的命運，如同柬埔寨或是其他國家，往往都被幾千公里遠之外的辦公室所決定了。

蘇聯在一九七九年十二月入侵，在一場政變中，支持共產政府掌權，迫使年輕的阿富汗人必須從軍，捍衛尊嚴、財產與家庭，來反抗共產政權，聯合國看見機會，能夠破壞他的冷戰對手，決定提供武器給反叛軍，並且訓練他們。阿富汗就變成所有的聖戰之母了。捍衛者從世界各地的穆斯林世界而來，包括不知名的奧薩瑪•賓拉登，來到阿富汗加入戰爭，並且贏得勝利，顛覆了共產帝國，這帝國的國王需要使別人相信，這是必勝的戰爭，以繼續存活。勝利之後，蘇聯撤退，許多外國的志願軍回去自己的國家，期待被認為是英雄的願望落空，許多人相信他們的真主更為優越，卻忘記勝利的路徑走來平順，是來自於外國人的幫助，不是靠著真主阿拉，而是由美國刺針飛彈

（Stinger Missile）和沙烏地貨幣，以及固有的人類模式喜歡抗拒外國入侵者，才能贏得勝利。不久之後，世界上其他以美國為首的國家，忘記阿富汗及其人民，阿富汗人想要解放他們的土地，美國和其他國家卻造成當地的內鬨，因為這些曾對抗蘇聯的人都還留在國內。塔利班與伊斯蘭純正教派的人贏得內戰，有了巴基斯坦做靠山，因此讓恢復秩序的阿富汗再度混亂。

阿拉伯的穆斯林游擊隊，對這個迎接他們的國家感到些許失望，他們只有在戰爭時才能受到鼓舞，所以他們尋找新的戰場，從喀什米爾（Kashmir）到民答那峨（Mindanao），然而只有回到一個地方才會結束一切，那裡以他們喜歡的方式歡迎他們，就是阿富汗。他們想要再度感受武器的威力，感受莫名的勝利，反抗那些無神論者，嘗到征服的甜頭。他們需要新的敵人，放眼西方，最完美的象徵就是美國，所以又一場戰爭發生在阿富汗。或者這僅是場沒完沒了的戰爭中的其中一場？奧薩瑪・賓拉登與他的擁護者，有個夢想就是在阿富汗邊界之外，抓住這些阿富汗的兒童以對抗西方。西方人發現了一架飛機飛越紐約、巴黎還有倫敦，嘗試攻擊。在阿富汗的小哈札拉女孩，以及其他在美國的人，即使住得如此遙遠，都會有著同樣的煩悶，他們都很焦慮地看著天空，因為聽見飛機引擎聲，都會感到恐懼。

二〇〇一年九月十一日。忽然間我了解這世界正從我眼前轉變，我那時第一時間看見雙子星大樓倒下，隔天，我起床收到從報社發來的消息，確認了我的下一站：盡快到達阿富汗，美國在第一時間將有所回應。

當我們在大學念新聞學的時候，我最想當一位戰地記者。當我的老師向我解釋5個W—新聞學裡的「誰、什麼、何時、哪裡以及原因」我的心已經飄移到中東、非洲或是亞洲，想像我從壕溝裡完成一篇生動的文章。我不知道我幻想中的戰地記者，可能某刻就會死去，突然的衝突交戰往往讓兩方都會試圖隱瞞事實真相。我在亞洲的前幾年，有機會報導印尼、喀什米爾、菲律賓南邊和東帝汶的衝突，但這次不太一樣，因為阿富汗戰爭是個很像歷史上出現的故事（la historia）。

不是我曾為專欄寫過的衝突，也不是在談論皇室八卦或是足球比分。這是真實的（de verdad）戰爭，這種會出現在電視機實況報導裡的戰爭。

我立刻飛往巴基斯坦國際機場（Pakistan International Airline, PIA），對於我們這些長期忍受班機延誤與取消的人，都說這是「也許我能抵達（Perhaps I' ll Arrive, PIA）的國際機場」，我在首都伊斯蘭馬巴德（Islambad）的萬豪酒店大廳，攝影機裝備以及記者的採訪包包擺成堆，主要的各大電視台頻道主播，穿著防彈背心，在旅館陽台現場直播。即使都還沒開戰，他們讓一切看起來驚險萬分，除非是美國人在這惡劣的情況下拍攝，子彈就會從距離我們的頭，大約兩百公里遠的鄰國射過來。新聞業的遊客也到了，特派員只會在當地記者協會出現過，曾來沒有報導過任何令人感動的新聞。他們裝備齊全，帶了地圖和水壺，打算好好描述一下伊斯蘭馬巴德，想把世界上最無聊的城市報導得引人入勝。在這幫人外頭，有幾個比較好的記者，準備好冒險採訪真相，有些老將都已經見識過上千場戰役了（在這群自信滿滿，只喜歡旅館酒吧勝於前線的臭小子，還是有幾個散發記者之光的人），最後，人數最多的一群記者，嗜血地想要把新聞做大，讓新聞比自己本身更有價值，這在戰區不是件容易的事。他們夢想寫一本書，穿著防彈背心敘述可能的槍林彈雨，不過，他們是站在旅館陽台，距離戰爭幾百公里遠之處。對他們而言，戰爭，只是成為明星的背景罷了。在他們身旁受苦受難的人，不過只是配角。

我們都知道戰爭將如何開始以及結束，可以想見應該是部難看的電影：塔利班已經把運作多年的蓋達恐怖組織主謀藏起來，允許賓拉登建立訓練營和基地，攻擊美國。如果塔利班不交出這些貴客，只要一眼就能明白他們離現實有多遙遠，雖然他們一定不會這麼做，接著許多炸彈就會如雨般，下在阿富汗，比起來，八〇年代蘇聯的入侵就像扮家家酒一樣。

每天，這幫記者在早餐時聚在一塊兒，好像小孩在學校吃飯。他們會互相問今天要做甚麼，聽別人說話、交朋友，你到底打算寫甚麼？哪裡有甚麼好吃？今天有甚麼行動？這大概是某一種腦力激盪吧，確保每個人都有點東西能寫，消息從這個人傳到另外一個人，直到每個人寫得都差不多，每天重複一樣的過程。在這些報導中，談到拜訪巴基斯坦的部落地區，訪問古蘭經學校的學生，這些人手上拿個背包打算出發前往阿富汗，「把美國人殺光光！」勞哈悟拉是一個二十五歲的年輕人，之前曾經對抗過「穆民的長官」所率領的軍隊，宣稱對於開戰已經等得不耐煩了。他的理由十分樂觀簡單：美國人享受許多現代生活的便利——豪宅、名車、縱慾，以及所有他在電視節目上看見的事物，所以他們一定很害怕死亡，失去一切。另一方面，對他以及他的朋友來說，勞哈悟拉告訴我們，死亡之後才是最好的，當他們抵達天堂和銀河，將有領袖在清真寺講經。

「我已經迫不及待迎接這場聖戰了。」他說，開心的像個孩子，隔天他就要出發了。

我花了幾天在報導「享受自由行動」（Operation Enduring Freedom），裡面一些如勞哈悟拉這樣的年輕人故事。晚上我去美國國家俱樂部，因為城裡還有一些開在旅館內的酒吧，專門供應酒精。它的名字代表了某種文化多樣性，但它又不允許當地人進入。這裡有許多俱樂部，但是很少外國人。最近到了晚上，塞滿了記者，有些夜裡，俱樂部關門之後，芬蘭記者佩嘉麥卡南與我，想要找個地方喝最後一杯，我們選擇一間中國俱樂部，這裡是有錢的巴基斯坦人花錢找俄國妓女陪伴的地方，來聊是非，喝喝調酒，但是隔天卻跟別人談論現在的道德淪喪，以及曾受過哪些從西方而來對身心有害的影響。我的同事在這樣的快樂當中迷失了，他曾在飛機上跟我說過，菲律賓總統艾斯特拉達被趕下台的事情——「這工作真的很不可思議吧？」「我們就在這個該死的革命！」—但是他現在已經厭倦了，決定離開這些部落，但是戰爭的壯闊場面都還沒開演呢！

「這場戰爭是個鬧劇。」佩嘉這麼說，毫無保留地流露出他的失望。「每個人只是模仿美國人到底在記者會上說了甚麼，有些人甚至只在意怎麼打扮。這不過就是個誰比較自大的比賽罷了！」

二〇〇一年十月七日，星期天，壯闊的場面開始了。第一顆炸彈丟在坎大哈、喀布爾還有其他北方前線，那裡是塔利班花了許多年，不停攻擊由北方聯盟所控制的區塊。我帶著筆記本，匆匆出發紀錄伊斯蘭馬巴德街上的反應，那裡每天都塞滿許多抗議美國干預的遊行。電梯到了一樓，幾秒鐘之後它才會打開，它震動了一下，轟然一聲，燈沒了。我被卡住了。

「這不可能發生！我等著去報導這個該死的戰爭，它才剛開始，我在這裡，被電梯卡住，如果我不能盡快離開，他們就要指派我去寫星座專欄了。」

門的另外一邊，飯店人員告訴我不要緊張，有點耐心。我記得過去幾個禮拜，聽到巴基斯坦人講這句話，花了兩天才能拿到影印的東西，我想要搖醒那些瞌睡的官僚，在那個小小的櫃檯窗戶後面，夢想著已經拿到鐵飯碗的官僚——只有醒來才能確認這是事實：他們這輩子都不用再好好工作了，我不停想像我成為一個占星作家，畢竟誰會相信電梯這種藉口？當飯店人員用手推開及撬開電梯的門，伸進頭來問我還好嗎。那天我終於把我的專欄歸檔，但我還是覺得自己還卡在電梯裡，氣力全失，因為我無法越過邊界，到前線報導戰爭。

我每天和其他所有記者都杵在巴基斯坦，我們去阿富汗大使館，說服蓄著鬍子的塔利班官員，給我們簽證，這樣我才能去那個炸彈掉下來的地方。記者們在大使館排了一長條隊伍，大使館如果發給我們簽證，就代表背叛他們的國家。我們願意做任何可以帶我們去阿富汗的事。因為政治上的利益，我們拒絕評論他們的豐功偉業，他們只圖自己方便，有時候想起，有時候又忘記，那些受苦受難的阿富汗人民。其實我們每天只是隨著政府去發布消息，而這些內容通常一文不值。

已經無人記得，甚至根本都不知道，巴米揚的哈札拉人，在幾個月前，包括三個瑪麗亞的表親，都因為無政府的政治真空狀態，使他們被屠殺了，沒有任何一家報紙或是電視頻道報導這些新聞，當然，因為他們對這過渡時期的政府沒有興趣。但是新聞節目，在幾周之後發布一個大頭條，那時大家才注意到，「穆民的長官」決定進行削掉河谷大佛的鼻子，與炸掉兩尊巴米揚的大佛。全球的報紙和電視頻道持續報導長達數周，人們舉行示威遊行支持大佛。之後聯合國秘書長安南承認喀布爾政府，即使阿拉伯世界有許多獨裁者，批評這是對其他宗教的攻擊，因為他們自己都太熟悉所謂的排除異己了。

即使接受了世界上並非所有的人都生而平等，對記者而言何嘗不是，難道手無寸鐵的人民會比不上那兩尊大佛，只為了榮耀所謂的文化？看看我們現在乞求簽證，不就只為了進入阿富汗，還必須對著塔利班微笑。我覺得我們已經太遲進去報導了。

因為取得前往喀布爾的簽證太困難，拜訪在巴基斯坦的阿富汗難民營也許是一種安慰記者絕望的方法。這些從戰爭逃出來的人，是我唯一與真實世界的聯繫，我可以知道阿富汗到底發生甚麼事。就在離邊界不遠處的營區，我在那裏遇見了瑪麗亞。一開始我只見到她的大眼，從泥巴屋的門往外偷看，她用頭巾遮住了半張臉，當她看見我也在看她時，忽然間就消失了。她的新家只有小小的窗戶，光線很難照進去，裡面都是女人為著男人的死而哭泣，我同情著他們不幸的遭遇。離開亞廓廊的大屠殺後，女人與小孩逃往巴基斯坦的難民營。瑪麗亞告訴我這趟旅程彷彿無邊無境，長達一個禮拜之久，倖存者越過冰雪，不再回頭，背負著從阿富汗帶來無所不在的恐懼。在夜晚時分躲起來，一大早起來趕路，直到到達開伯爾山口的邊界。迢迢之旅，虛弱與創傷都被拋在腦後了，一個當地的非政府組織救起這群人，讓他們能有東西吃，有乾淨的衣服換洗，提供這個地方睡覺。

當他們盡可能地到達巴基斯坦之後，瑪麗亞問，「塔利班在這裡嗎？」

「不，」他們對她說，「這裡沒有塔利班。」

這是第一次她將恐懼拋開了。現在安全了，瑪麗亞告訴我，關於巴米揚谷地的事情，那裡降下的炸彈比雨還要多，如果妳是小女生妳就不能上學，還有躲貓貓並不是一個遊戲。她告訴我當塔利班進入她家的時候，她緊張地發抖，還問男人都去哪裡了，還有她的父親因為太老所以不用被槍決，但是年輕的男人就不能跟著她們一起來邊界了。

在我來難民營的前幾天，我收到聯合國兒童基金會的文件，上面寫道阿富汗兒童受到精神暴力的影響。調查結果顯示經過四年的藥物治療，數字顯示這些耗弱的精神狀態，在這個國家同樣也造成傷害。將近一半的受訪孩童說曾看過人因為炸彈、地雷或槍砲而死掉。三分之二的人曾失去過家人，十分之七的人看過手腳不全的屍體或是聽見有人乞求援助。

瑪麗亞見過任何人死於炸彈、地雷還是槍砲嗎？

她點點頭。

有聽過任何人乞求援助嗎？

她點點頭。

他們有殺過她的家人嗎？

「我的三個表親被埋在雪地裡。」她說，還記得曾經幫忙把他們挖出來。「我們沒辦法把他們從雪地拉出來，每個人都邊哭邊找他們的小孩。媽媽都在哭，因為孩子都死了。」

瑪麗亞有時想過離開人世或許比較好。沒有希望，想想她們的母親在街上被道德警察打，許多阿富汗女孩寧願自殺。因為在河谷的大佛被炸毀了，缺少高的建築物可以一躍而下，所以她們就爬上山頂往天空飛下。或者她們吃老鼠藥。塔利班懲罰那些對抗伊斯蘭的父母，他們為小女生準備了他們在阿富汗建造的地獄。「我寧願死也不要回去打仗。」瑪麗亞說。（根據聯合國兒童基金會的報告，十分之九的小孩寧死也不願苟活。）

瑪麗亞的故事告訴我們，阿富汗的孩童是如何在戰爭裡生存。這是我最後一次寫這件事，在這之前我打電話給其他記者問說是不是可以請我同事來這裡。已經兩個月過去了，我需要從戰爭裡得到一些休息，我從很遠的地方而來，又太貼近她們的生活了，雖然我離復原還很遠。戰時，軍人和政客，坦克和戰鬥機，戰場和軍營，那裡有許多人的聲音都被戰爭的咆嘯聲淹沒了。我到達阿富汗，希望這些聲音能夠回來。經過幾週的徒勞無功，我被無力感征服了。

馬德里的胡立歐・富恩德斯很高興可以來這裡跟我換班。幾天之後他出現在伊斯蘭馬巴德，眼神閃亮又充滿渴望，好像小孩子，即使他參加過的戰役比五星上將還多，蒐集的戰爭，就像放在背包裡的石頭，愈發沉重，也更難攜帶。我們在萬豪酒店吃過早餐後，我告訴他這裡的情況如何，我們討論起戰地記者這個工作。他告訴我，事情不見得總是如此。

「媒體已經被出賣了。它們只在乎錢。政府和軍隊，已經做了所有讓我們遠離這裡的事情，他們十分成功，反正他們不在乎人民。」

我向胡立歐告別，預祝他遇到衝突時都能像從前一樣幸運，但這次對他來說卻失敗了。邊界已經封閉了數周，當他降落在伊斯蘭馬巴德之後卻打開了，彷彿有人躲在門後等著我離開。塔利班政權正在崩解中，過去阿富汗人總是表示已經準備好奉獻生命，但是沒有人舉起手要拯救這個神經質的政權，仍然讓他的同胞住在地獄。喀布爾也淪陷，當我聽見消息時，我第一個念頭是我在邊境遇見勞哈悟拉，他準備要打一場聖戰。轟炸了幾天後，上千個勞哈悟拉跑向山丘，有人責怪他們，一個接著另一個，坦克、大砲還有塔利班，看著這一切宛如外科手術般精準的化為灰燼。壕溝沒甚麼用，當天上降下炸彈，留下坑坑巴巴的洞，很像足球場。穆斯林游擊隊穿過邊境，相信他們正在天堂旅行，但他們卻發現自己在地獄裡面。突然間他們膽怯了：假設炸彈真的襲擊了我，是否真的有個天堂與銀河在等著我呢？或者我應該自己走到大門，就像那些戰時對抗蘇聯被截肢的老兵，在拉瓦爾品弟的街上要錢，拖著身體在地上爬，因為他們沒有錢裝義肢？

如果天堂真的存在，或許能夠等待。

政權的傾倒讓阿富汗變成無法治的國家。殘忍的恢復中世紀的刑罰，在公眾場合行刑，例如在喀布爾體育場中的足球比賽，坎大哈的學生只能在充滿恐怖心態的人們當中，嘗試維持秩序。現在當道德警衛從村子裡撤退，混入人群，又沒有任何警察與軍人，沒有人可以建立規則。也許這世界上沒有任何地方像這裡的人命如草芥，這裡有著陳腐的戰爭、鎮壓與貧窮。在阿富汗有幾個地方，比薩洛比通口更不值得一住，因為從十九世紀之後，公路上出現，佔據多年的俄國搶匪與割喉大盜，有時會出現俄國坦克，讓人致命。

胡立歐與義大利記者瑪麗亞，以及路透社記者哈利與阿濟茲，從公路打算進去阿富汗，在賈拉拉巴德待了幾天後，決定租一輛車，穿過峽谷到達喀布爾。一幫土匪與塔利班叛徒，在路中央攔住他們，在接近坦吉•阿布理蘇大橋時，阿濟茲是唯一一個阿富汗記者，他了解這不是簡單的搶劫，所以請求搶匪放過他們，告訴他們：「我們只是記者，我們不站在任何一邊，我們只是來工作，」

但最後還是被冷血的搶匪處死了。

我在香港的家電話響了。大家聽到世界報的記者在阿富汗被殺，他們都以為是我。當他們聽見我的聲音，都如釋重負地感嘆：你還好嗎？我們都以為你死了。我告訴自己，去想我必須為所發生的事情負責是件蠢事。但是我沒辦法不去想胡立歐，他現在應該還活著這件事，如果我不要打給報社說可不可以換人就好。也許這是我自己的戰爭，並不是胡立歐的。莫妮卡也正要前往阿富汗去安頓丈夫的遺體，她問我能不能一起去。在白沙瓦，他們還在珍珠大陸飯店等著胡立歐。我們告訴他們，胡立歐不會來了，我們付了他的帳，在邊界另一頭，等著送他遺體回來的卡車，在這之前先收集好他的衣物，之後運去阿富汗的西班牙大使館，那一晚，我們追憶他的一切，討論哪裡發生過的戰爭，曾經很幸運地躲過一劫，凌晨時分，莫妮卡與胡立歐一起回去馬德里。我留下來完成胡立歐的工作，這次玩真的了，而且要玩到最後。

「小心點。」莫妮卡對我說。兩年後，她將會帶著他死去丈夫的斗篷前往伊拉克戰爭，為了報社也為了自己，成為一個戰地記者。「你聽懂我的話嗎？這不值得……如此死去。」

我確保聯合國的飛機可以飛往阿富汗，還訂了一間在喀布爾洲際飯店的客房。牆壁坑坑疤疤，都是子彈孔，我的工作桌由四張木板拼湊而成。發電機讓我的電腦能夠使用，假設停電的話。冬天的寒風穿過破舊的窗戶，這裡曾躲過迫擊砲的攻擊。我在這個冰庫裡盡可能快速地撰稿，渴望趕快把文章歸檔。躺入我在伊斯蘭馬巴德向二手商人購買的睡袋，他跟我保證這和巴基斯坦喀什米爾軍人用的一樣。我還向他討價還價一番。

「這睡袋哪有這麼好。」我向商人說。「我去年到喀什米爾，有個官員告訴我，超過百分之七十的傷亡都是因為凍死。」

「如果你死在這個睡袋，」他嘲笑我，「你可以來找我，要回你的錢。」

洲際飯店也曾有過一段輝煌的日子。穆罕默德．查希爾沙國王（Zahir）一九六九年曾在這裡舉行開幕儀式，之後阿富汗的菁英、寶萊塢明星和總理，都曾造訪過，也是觀光客的落腳處。飯店員工——穆罕默德・阿揚為他開門，摸摸自己的帽沿，歡迎國王：「我是穆罕默德・阿揚，為您服務。」穆罕默德在一九六〇年到喀布爾當兵，在城市的第一天就對交通警察的制服印象深刻，因此決定找份可以穿制服的工作，因為那可能是此生最好的服裝，還可以因此覓得良緣。他的兩項願望得以成真，但他沒有想到他會經歷國王的沒落，蘇聯入侵，內戰，塔利班的到來，以及美國在911攻擊之後的炸彈雨，洲際飯店沒有任何預算來整修門面，所以他只好一直穿著夾克，戴著帽子。

「有段時期好幾個月都沒有客人。」穆罕默德告訴我，「不過我每天都來，以防有些人出現想要找旅館住，因為我真的很熱愛這份工作。」

每一年我都會見到穆罕默德・阿揚，直到最近我發現他開始無精打采，我們談了一下阿富汗，他說他要退休了。「這到底是個甚麼樣的國家啊！降下的炸彈比雨還要多！飯店和我已經垂垂老朽，等不到炸彈停止的那一天。」不管是對阿富汗還是洲際飯店，他一直想著還有甚麼應該要來，但是還沒來的事情。

黎明時分，從我窗戶往外望去，有著喀布爾獨一無二的景色，外頭覆蓋著晨霧。天色還依稀存著美國飛機飛往托拉伯拉山邊的軌跡。賈拉拉巴德被群山圍繞，在最後一戰中被攻擊。托拉伯拉是塔利班佔據的最後一塊區域，美國深信那裡窩藏賓拉登。美軍傾全力在這區，所以如果要報導戰爭和捕獲賓拉登可以去那區，因此我要盡快趕去，不過要去托拉伯拉，得先通過薩洛比通口，那是與幾天前殺死胡立歐一樣的路。每個人在薩洛比都有一個故事。一週前，六個阿富汗人強迫一輛巴士的人下車，肢解了他們的耳朵和鼻子，因為他們的鬍子不夠長。幾天前，波蘭記者出現在洲際飯店大廳，只穿了內衣，因為他被攻擊。

我的司機法哈，再度向我重申，他已經去過那地方許多次，他深諳旅行的欺騙伎倆是甚麼，不會讓我被割喉。

「絕對不要停下來！」他說。「不管發生甚麼事，即使我必須從別人身旁開走，我會加速油門，絕對不會讓我的腳離開油門！」

「對！無論如何！」我跟著重複著話語，加強他的決心。

這條路佈滿沙石與坑洞，危機四伏。懸崖緊貼著路，我們盡快離開城市，像是在狹小空間受到迫害的觀光客，左邊是河岸，右邊是石壁。我們前面的車子揚起塵沙，雲層滿布，在許多區域，車子沒辦法一小時開超過十或十五公里，路邊唯一做的生意是在賣AK-47。視線所及處沒有任何生命，山沒有綠意，受戰爭殘害的村子人煙罕至。「永遠不要停下來！」法哈每開一公里就對自己默默地說著，緊踩油門。七個小時以及一四七公里之後，我們終於到了賈拉拉巴德。

我們和其他記者向當地的軍頭租了間房子，這地方不差，但設備缺乏，這個國家每一條電話線背後都有上百支槍在等著，而且這國家三十歲以下的人，沒有人記得活過的哪一天沒有戰爭。每天早上，其中一個軍頭就會來敲門，我和歐帝嘉一起共用房間，他是西班牙雅典娜三號頻道的特派記者，當我們雙眼朦朧的打開房門，里卡多身上背著AK-47。他吐出唯一會的英文單字：錢！他手上還拿著一大疊錢。「沒有人可以不付錢離開！」里卡多笑著說。三年後他也因為記者這份工作而死了，死在海地的街上。

戰爭的最後一顆子彈通常都是射在記者身上。有人說如果這些都不懂的話就是膽小鬼，其他老將都了然於心。可是並非如此，子彈通常都是射向運氣壞的人，勇氣通常都只會出現在不對的時間，但是對的地方。

每天早上我們付過錢之後，我們就會搭計程車去戰爭現場。我們往賈拉拉巴德開去，不到兩小時我們就到了托拉伯拉。旅途的最後一段，總讓我們毛髮豎起，路又窄又難開，一個不小心就會把我們送上天堂了。我們的司機阿布杜，似乎不怎麼擔心。他總是全速衝刺，左彎右拐，好像他在開德國的高速公路，放著卡帶的音樂，把車開上托拉伯拉的山上。阿布杜聚精會神的開車，我卻想著阿富汗已經花了五年時間在等到底甚麼可以做，甚麼又不可以做，不過我忍住不說。我的司機無畏地開上崎嶇的道路，他的命運其實比我還要痛苦一百倍。我們盡快抵達托拉伯拉之後，我好好把握片刻的輕鬆，彷彿才剛玩過雲霄飛車。

我們在廣場架好設備，之前也有記者曾這樣做過。

鄰近的山丘旁，美國軍隊正在尋找全民的頭號敵人。但美國人並不知道當地的底線，你可以把阿富汗租下來，但絕對不能把他們買下。美國會招募當地人從軍，這些人甚麼都不懂，只懂戰爭，然後做他們該做的事情，就是把賓拉登的頭放在銀色的盤子。賓拉登有句名言：美國沒搞清楚狀況，就付錢給穆斯林游擊隊，以為多付一點，他們就會站在美國這一邊，但事實上他們溜走了，溜去這個歷史上最聲名狼藉的另一邊。

在托拉伯拉的生活日復一日，某個電視節目在廣場擺了腳架和攝影機，拍攝山的壯闊，然後戰爭出現在那裡，攝影師還可以躺下打個盹。這好像在觀賞電影：過一段時間B-52出現了，滿載著炸藥在我們前面丟下來，又消失在遠方，當真主的軍隊徒勞無功地向四處開槍。一開始我們看見煙霧雲朵，那是丟出炸彈的效應，最後有點延遲了，我們聽見爆炸的吼叫。在那些有點誇大的動作裡，我們有時間可以喝酒，和朋友聊天，用衛星電話打回家。我打電話給我母親。

「如何？」她很緊張地問，在電話線的另一頭。

「都很好，媽媽不用擔心。」

炸彈在不遠處轟隆的爆炸。

「那到底是甚麼？」

「沒甚麼，只是打雷。可能要下雨了吧。都沒事啊，我改天再打給你。」

最後，隨著我所有的輝煌與苦難，這次是真的了，現代戰爭的壯闊場景已經展開。當炸彈最後掉落在托拉伯拉山丘，奧薩瑪・賓拉登已經逃走了，他夢想著恐怖攻擊的西方仍舊完好無缺。十年之後可能也找不到他，當我急著去巴基斯坦發布他還沒死亡的新聞。一個奇異的和平出現在阿富汗，有段時間沒有炸彈，沒有焚村，沒有拿著武器的人要來殺人，我返回時走同樣的路，那是瑪麗亞和亞卡蘭的女人，從阿富汗越過開伯爾山口（Khyber）到巴基斯坦的路。我準備回家了，再過幾個月，上百輛卡車，一樣滿載難民而來，他們等待戰爭結束已經等了幾十年，他們害怕去追尋阿富汗的自由。離開前，我去了那個第一次遇見瑪麗亞的難民營，她和家人都回去巴米揚了。

「戰爭已經結束了！」女人開心地說著，她不知道塔利班政權正伺機突擊竊取權力，再一次天上又將降下炸彈。這是不是另一場戰爭？或許是另一個輪迴？

益喜

占領一個不屬於你的國家，沒有敲門就進入鄰居的房子，奪走鄰居家庭的尊嚴。歷史告訴我們，遇到這種情況，可以激烈抵抗。這曾不斷地在阿富汗上演，然而他們已經是對賓客以及入侵者最寬容的主人。

不過藏人不是阿富汗人，他們的氣力不是花在如何回應一次又一次的攻擊，而是不停地以呼籲的方式，要求歸還屬於他們的國度。即使經歷了五十年的掠奪與壓迫，他們的文化傳統被暴力欺凌，孩童被監禁，然而在對抗占領時，藏人是非常頑固的非暴力者。每次造訪亞洲，我總著迷於西藏的美景，但另個極大因素是藏人的魅力，他們總以某種決心，反抗敵人擁有的人類天性，不過這樣的天性，他們自己同樣也擁有。藏人除非遵守這些規則，否則將失去所有，如果拋下這些規則並且將規則退回，總有一天將被擊敗。

我第一次去西藏的時候，參訪官方景點，是以記者身分提出申請。但是在獨裁政權之下，記者並不受歡迎，特別是這個國家已經被獨裁主義的巨輪輾了過去。我選中某個敏感的時機，想參加第四十屆西藏反抗中國紀念日。那時軍隊壓迫藏人，達賴喇嘛只好飛往印度。我要及時趕上，只有一個選擇，必須先飛往成都市，參加某個官方旅行團以進入這塊區域。

我的文件按順序申請，一九九九年二月我終於能前往拉薩。我們這團大約都是二十出頭的歐洲人，還有一些亞洲人，身旁跟著一位中國官方導遊，他不斷自發性地告訴我們，即將去一個「所有事物都很美好」的地方，那裡有著無限的幸福，這都歸功於共產黨，在西藏建立了良好的制度。我們跟著一個無能的導遊，既沒來過此地，也不了解歷史與文化，他只要按照官方說法不停地宣導就好。藏人的工作機會已經很少，原本服務生或是飯店人員的資格，是給會說普通話的藏人，但現在保留給那些湧入西藏的漢人。

他們將我們放在西藏首府的假日旅館，這是美國的連鎖飯店，與中國政府在一九八六年簽約，在中國領土開分店。在旅館裡，我發現一些夜總會的促銷傳單，上面寫著西藏是「一個奇幻的世界，擁有令人驕傲的歷史。」這張傳單未提到許多藏人，因為談論過去歷史而入大牢，但是西方商人不會在意這些事。西藏開放旅遊業之後，假設告訴來拉薩的遊客，有一部分當地人就在旁邊的地牢裡浪費生命，這可能是件相當掃興的事情。

在旅館我們每個人都拿到一份地圖、名牌還有一頂黃色的帽子，我們要整天都戴著，與別的旅客做區隔。坐在我旁邊的是香港女人，她因為高山病而不太舒服，鼻子上插了根管子，提供她更多氧氣。她挪開管子的時候抱怨了一下，「我花大錢來玩，但卻給我們吃這些？」「你看到旅館毯子有多髒嗎？」「這真是無法忍受。」導遊告訴我們早上七點在大廳集合吃早餐，隔天我們要去參觀「在西藏展開偉大的現代化計畫，感謝黨！」。我將鬧鐘調早一小時，從旅館溜了出去，留張字條給櫃檯。「抱歉，我覺得我好像得了高山症。我不太舒服。所以我要搭第一班飛機回家。謝謝！」

我的第一站是布達拉宮，建在海拔三千七百公尺的紅山上，拉薩完美無瑕的榮耀與遠方的傷痕盡收眼底。最諂媚的假日旅館的傳單也無法誇大它的美。我走進一個陰暗的大廳，有人尾隨我身後，在我旁邊耳語，煽動地說：「不要捐錢給寺廟。他們說是幫寺廟修復，但都被中國官員中飽私囊了。」我想可能是別的遊客說的話，就繼續往前走，而忽略這個聲音。他又再說了一次，聲音微小又不清楚，「西藏的處境很糟，寺廟裡都是麥克風和閉路攝影機，他們說是為了防範小偷，但其實是在監視我們。」我轉身，在一小方光線之下，有個小喇嘛，臉上掛著稚氣，圓滾滾的紅臉頰，光亮的腦袋，可能最近才剃過，有著像卡通人物一樣的笑臉，是個孩子。

「如果是真的，那他們不就聽到你現在跟我說的了。」我也小聲地跟他說。

「可能吧。」小喇嘛說，「不過我不怕，別人怕，但我不怕。」

益喜帶我去看不對外開放的區域，最後邀請我喝杯茶，他的房間在廟塔的閣樓，看就來像一塊被廢棄的區域。木造屋頂已經破了個大洞，小喇嘛習慣了，還會有一群鳥飛進來又飛出去。這是真的！捐獻的錢沒有用在修復，至少沒有用在小喇嘛的房間。這個小房間有一張搖晃的床、舊的地毯、一卡行李箱、茶壺還有一個供人跪拜的神龕。還有幾隻老鼠，不過在寺廟不能破戒殺生，即使是這些讓人不愉快的動物。「牠們不犯我，我不犯牠們。」益喜說。

房內牆上掛著一些達賴喇嘛的相片，有大的也有小的，有黑白的也有彩色的，照片隨著年代久遠已漸泛黃。年輕的、青少年時期的、年輕男人還有成人，各階段不同的照片組合成一個大的相片，彩色的拼貼提醒我青少年的床頭還有喜愛的足球員的照片。幾公尺外，頂樓是白宮，那是以前達賴喇嘛住的房間，還保存著他離開時的模樣，他已經流亡四十年了。益喜說有天晚上似乎夢見達賴喇嘛來了，靜靜地讀書，那時他覺得離達賴喇嘛很近。「我覺得他不會很遠，這帶給我力量。」

益喜的父母親六年前把他送來拉薩，現在他都要十四歲了。西藏家庭夢想將至少一個兒子送入寺廟，是非常普遍的事情，無論在西藏還是在達蘭薩拉（Dharamsala），那裡是在印度由某些藏人所占據的地方。諾布是益喜的父親，選擇西藏首府是因為他相信達賴喇嘛將很快結束流亡，回來拯救他們。他認為益喜應該待在布達拉宮。

「當他回來，你可以服侍他。」他對益喜這麼說。諾布提供一隻山羊給將去拉薩的朝聖團，請他們把益喜帶去。他相信自己的兒子注定要去做比餵養牲畜更好的事。他拜託唯一識字的鄰居，寫了一封信，上面寫益喜是個好男孩，勤奮又上進，對他而言，這是一個「尋找天啟」的重要時刻。他要益喜將這封信拿給第一個在布達拉宮遇見的喇嘛，如果他是個好心人，他會向中國政府當局示意讓他進入布達拉宮。

小喇嘛回想起過去往在鄰近昌都旁邊，那個西藏最東邊村莊的日子，看起來沒有特別悲傷。那時鄰居都出來開心地送行，把鞍囊裝滿食物，羨慕地與他告別，因為對男孩們來說，他是要去見信仰的捍衛者。所有的人都願意拿一切只為換得進入那個地方。他的母親又哭又笑。他的三個兄弟很羨慕但不忌妒。他的朋友為他感到驕傲。最後千里迢迢花了幾個月才走到拉薩。在路途中益喜想過很多次，也許他到不了這座城了，或者也看不到達賴喇嘛。但是家庭與鄰人的支持，讓他很快就忘記一切，而這趟旅程，大部分還必須靠一些人的施捨。當他最後抵達拉薩，他又髒又累，這個充滿抱負的喇嘛按照父親教他的照做了。他在布達拉宮外頭等著，走向第一個走出來的喇嘛，自我介紹了一下，然後遞上父親的信。這位喇嘛叫做凌增，之後他成為益喜的老師與朋友。

在那時，要進入寺廟不是件很容易的事。一九四九年的時候，各大寺廟中大約有十萬個喇嘛，但是就在大約六千喇嘛被中國軍隊迫害之後，現在僅存幾千名，而這些人仍然是炮火的攻擊目標。中國官方設定了每間寺廟的最多的喇嘛數量，由於布達拉宮代表的意義，必須被高度警戒與掌控，因此目前數量已經超過他的極限了。凌增決定打破規定，把小男孩藏在他的單位裡，只在深夜告訴益喜一些目前西藏在中國規定下的現況，才能免於兩人入監。益喜從他的老師那裡學到的不只是在布達拉宮的走廊不要與遊客講話，這是個有點危險的習慣，還有永遠在中國軍人前面保持尊嚴，捍衛西藏文化。那一天他們把凌增帶走，益喜終於明白為什麼他的老師常常告訴他，西藏已經失去為了生存對抗的勇氣。

「他就像我的第二個父親。」益喜告訴我，最近他的朋友去了趟監獄讓他有點動搖。他被控「威脅國家安全」他被警衛打瞎了一隻眼睛，幾乎不能走路。他很虛弱，中國已經奪走許多條像他這樣的生命。

在我到達拉薩的前幾天，軍人也來參觀過益喜的房間了，尋找他的物品。他因為掛著達賴的相片，被宣稱有罪，但是援引的法條似乎不太一致。他被指控的原因似乎是因為敏感的期限快到了，或者因為公安部門負責的時間快到了，所以軍人無法拿捏該如何處置益喜。晚上一個官員進入益喜的房間，旁邊還有兩個軍人陪著，敲敲邊門把他叫醒。

「你不知道不能掛支持獨立的人的相片？」他問。「立刻拿下來！」

「我不能照做。」他回答，試著不要看起來好像在違背命令。

「這些人腦袋在想甚麼？」官員憤慨地問著。「達賴啦嘛只是個人，只是人。你們為什麼不懂他只是個人？回答問題！把這些相片都拿下來不然就把你丟進大牢！」

「我不能照做。」他重複。

兩個軍人開始撕掉達賴的相片。通通被剝掉之後，牆壁變得空空如也。三個男人就離開了。他們一走，他又把放在箱子裡的其他替代相片拿出來，那些是他在拉薩黑市買的，無論花多少錢。他知道他們會再回來撕掉，但是他還是會一次又一次地貼上去。「不過我不怕，別人怕，但我不怕。」他重複那天第一次見面，曾在布達拉宮跟我說過的話，現在我越認識他，我越害怕這是事實。

對中國官員來說，他們已經了解就算佔據了五十年西藏，藏人仍舊對達賴有著不可動搖的崇敬。他們嘗試各種摧毀藏人信仰這個活佛的方式，但所有的嘗試都失敗了：壓迫、賄賂，甚至是高度發展與現代化。即使在漢人來之前，西藏從未變成西方夢中那個失去的地平線，或是理想中的香格里拉。疾病毀滅了大量的人口，文盲猖獗，政治體系屬於封建制度，掌握在少數有錢人手中，利用大多數的人原本的期望，想要一個正義又富於同情心的社會，理應存在於這個佛教王國，但一切落空了。中國共產黨造路、蓋學校、蓋醫院、蓋電力公司和機場，北京的獨裁者不懂藏人為什麼不知感激，他們已經提供這麼舒適又現代化的生活，讓他們「脫離黑暗進入光明」，官方的文字上這麼寫。他們為什麼喜歡石子路勝於高速公路？喜歡一片漆黑勝過街燈？喜歡昨日多於明日？當然，中國盡可能拿這些便利交換他們的自由，折磨他們的意志，但這是以公平的價錢，而換取這又新又好的時代嗎？中國政權不懂為什麼藏人鄙視這一切，因為這些便利每日都在吞噬他們，這顯示出中國缺乏同情，他們只想讓藏人認為，如果只要反叛，中國就可以回擊。根據傳說，西藏在大規模鎮壓及在教育之後的第一年，毛澤東問其中一個官員，事情將如何發展？「他們還愛著他。」這些官員指得是達賴。「他們還愛著他。」

益喜成為我在西藏的理想導遊。我在拉薩待了幾天後，要去拜訪一個老朋友，他願意當我們的司機，我請他把我帶去離觀光客和軍人比較遠的地方。「遠離觀光客沒有問題。」他告訴我。「但是軍人無所不在。」當我們離開市區，穿過朝聖者前往聖城的路，朝聖者穿著破衣服，滿臉汙垢。他們每走一步就跪拜一次，他們全身伏地之後再起身，以這種緩慢地方式，慢慢前往大昭寺。世界上最多禱告的地方就在西藏了，即使是在最保守的伊斯蘭世界，或是正統基督教派。拉薩等於西藏的麥加，他們堅信這輩子一定要有一趟朝聖之旅。益喜也曾朝聖過，那時他還是個小男孩，但是他的奧德賽沒有讓他更靠近達賴喇嘛。「他會來嗎？」他問我，我不知道該如何回應他。他自問自答：「他當然會。」

小喇嘛指了指那條沒出現在地圖上，通往村莊的路，當市區在遠方消逝，我們穿過冰冷的河水，眼前出現黃澄澄的麥田，銀霜覆蓋的草原。天馬旗在風中不停搖曳，將求願帶往十方，如此眾神可以不用出現在藏人面前，仍然能夠聽見祈求。他們常常插上天馬旗，深信心願一定會被聆聽，對藏人而言，就像是無法動搖的信念矗立在喜馬拉雅山的山腳，經幡讓他們能觸摸得到天。他們相信離神如此近——祂怎麼可能不聽呢？

我們停在一處充滿灰塵的村落，故事永遠如常。軍人來過，搜尋屋子裡的達賴相片，帶走守口如瓶的年輕人，許多人無聲無息地消失了，沒人能把握他們是否會回來。當地寺廟的喇嘛常常一批又一批的換過，中國當局永遠不知道如何和這群慈悲的藏人交涉，他們不以武力對抗，只聽從缺席的達賴指揮。共產中國的五星旗飄揚在每個村落的入口，老人家常為了被蹂躪的西藏而哭。「你懂了嗎？時間已經從我們身旁流逝。」益喜說。

喜馬拉雅的山峰，莊嚴地攀聳入雲，彷彿拳擊手中間的裁判。從歷史上來說，它分隔了兩個巨人，中國與印度。雪的王國，西藏，夾在其中，遺世獨立地安然度過許多年。那是一個荒涼、孤寂與粗曠的世界。當沒有任何事物能夠抵抗成吉思汗的時候，只有喜馬拉雅山能夠做到。當你住在世界的盡頭，還有甚麼能令你畏懼？但是這樣的世界已經越來越小，遁跡的王國被發現而且被攀登上了，他們被平地的人給征服了。喜馬拉雅山不再是避難所了。那時，許多國家也都在設法維持自己的獨立地位，例如尼泊爾與不丹，也曾被要求打開大門，其實早晚都有人來摧毀他們。西藏決定把門緊緊關上。

如果西藏早一點向世界打開大門，是否就能被拯救呢？如果早一點進入國際社會，建立外交關係，允許外國人進入，發展現代化，而不是堅持保有過氣的生活方式呢？這很難說。因為地理因素，中國仍對西藏充滿興趣——西藏提供了往中亞的戰略路線，延伸了中印邊界，形成了天然的地理障礙，當然還有豐富的天然資源。這裡是亞洲水源的源頭，能幫助中國龐大的人口止渴。對毛澤東來說，辯解入侵西藏這件事，說不太過去，畢竟超過半世紀，西藏有自己的區域、宗教和文化。喇嘛相信如果一切改變了，西藏也消失了。他們不懂這只是某一種對立的認知。改變已經比以往來得更快了，外力的壓迫，難保藏人不會有意見。不過想著事情會如何發展或許已經太遲：喜歡威嚇又充滿野心的鄰居早就破門而入了。

在益喜的房裡，甚麼都看不到，只聽見鈸的聲音，誦經的聲音，那是神聖背誦經文的聲音，迴盪在布達拉宮，交織著不停重複的boom、boom的聲音，這是從幾公尺外的ＪＪ夜總會發出來的聲音。益喜看見了，長久以來，軍隊進駐不是目前西藏發生最恐怖的事情。軍隊鎮壓結束已經一陣子了，摧毀當地文化的工作進展迅速，是歸功於來自中國的漢人。下一步，益喜最害怕將永遠改變西藏，是新住民帶來的商業主義浪潮。它會造成威脅，征服全球最後一個對物質主義免疫的角落，將人民切割成精神性與非精神性，那是他們長期以來唯一抵抗被同化的方式。漸漸地，拉薩被餐廳、按摩院、裝潢看起來很像妓院的卡拉ｏｋ酒吧以及賣西藏紀念品（尼泊爾製）的店所佔領。漢人開了這些店，根本也不知道自己在賣甚麼，但是一點一滴地變成可怕的對手。在拉薩已經有色情業了。推土機無情地推倒藏人的房子，換成白水泥房，深藍色的窗戶，如同蘑菇一樣大量增生在每座中國的城市。幾個藏族青年開始遠離老一輩的人，他們在牧羊帽下戴上時髦的太陽眼鏡，穿上印著

「Just Do It」的Nike T-shirts，他們從父母或祖父母那代學到，如果反對中國統治只會帶來痛苦，他們想或許應該要從這群土匪手中得到點好處才對。

益喜隱藏不了對於西藏改變的哀傷。他在拉薩等待達賴歸來時，學習冥想以及佛教教義，但是布達拉宮已不再是他所想像的模樣了。每天早上五點起床，拼命念書，與別的喇嘛沉浸於討論之中，尋找人生中的智慧與喜樂。當他到拉薩的那一天，每天都為了達賴而作準備。現在，他的樂觀已經消失殆盡，只剩下無止盡的陰影。閱讀佛經被公安部門的愛國教育以及再教育課程打斷了。共產黨官員試著教導喇嘛尊重共黨系統，雖然這一套在中國其他地方已經沒再使用了，虛偽的一切讓益喜感到憤怒。每堂課程結束的時候，公安會發表格，告訴這些喇嘛應該舉發達賴，寫下那些跟著達賴一起犯罪的喇嘛的名字。但真正讓益喜憤憤不平的是這些喇嘛還真的把表格交回去，上面有填字。「你不能相信任何人了。一定是有人把淩增的名字寫上去。」他哀傷地說。益喜不懂，並非所有人都想當英雄。等待達賴，等於被迫提早長大，他的同情心有些動搖了。現在該是繼續這趟旅行的時候，避免所有的事情在他眼前全部幻滅。

「我的心已經恢復了。」在我們穿越鄉村的西藏後，回拉薩的路他這麼告訴我。「只要我有錢，我會去達蘭薩拉找達賴喇嘛。」

夏天最容易逃離西藏，但是藏人總喜歡在冬天做這件事。當氣溫降到零下十度與零度之間，大雪讓公路充滿了死亡的陷阱，中國軍隊站崗時會比較放鬆，所以是逃到尼泊爾的好時機，而不會死在槍下。過了邊界，到了達蘭薩拉就是終點站，那是藏人在印度的避難所，尋求佛陀庇佑的地方，此外還有達賴在那裡。年長的難民說他們來這裡，只害怕沒有機會見到達賴。年輕的難民，例如小嬰兒和小孩子，他們的媽媽將他們丟在達蘭薩拉，之後又回去西藏照顧家裡其他人，兩邊跑只為了拯救下一代，希望在這裡能獲得傳統的西藏教育，有一天能回去光復家園。也許藏人不喜暴力，但不代表他們不會戰鬥。他們只是簡單假設如果要為了生存而戰，他們應該全部犧牲。

達賴歡迎所有的人來到達蘭薩拉，年輕的、老的，聽他們講在中國被迫害的故事。其中有個難民，曾在中國監獄被折磨過，他告訴達賴在裡面最恐怖的事情，「那是甚麼？」達賴問。「失去我對中國人的憐憫之心。」喇嘛回答。

益喜離開了他的村子和他的家，只為了更接近達賴喇嘛。現在他在拉薩待了這麼久，他已經開始認為他的父母想錯了，中國政府根本不願讓達賴喇嘛回來。「你覺得有可能嗎？」他問我。我跟他說我不知道，但是我很難過像他這樣的年輕人，屬於西藏未來的年輕人，已經被中國所拋棄了。如果藏人都想去達蘭薩拉，那漢人持續定居在西藏，西藏的未來將會如何？我能理解益喜對達賴的崇敬，但這其實不對，比起來這個年輕的喇嘛不是應該要更愛自己的同胞？不過如此去評斷他的處境並不公平，我怎麼要求他去忍受每日的羞辱？那緩慢侵蝕他信念的羞辱？明顯不公平被偷竊的未來，讓益喜失去了憐憫之心，而這卻是達賴喇嘛要求的做人處世之道？難道他沒有權力去爭取自由？

當我離開的時候，我偷偷塞了一些錢到益喜的行李箱，想要幫助他去達蘭薩拉之旅，如果他還是不想留下，或許能讓他買下所有他喜歡的達賴相片。凌晨時分，我們爬出布達拉宮的平台，拉薩不在眼前，她消失在塵霧裡。之後緩慢地出現，房子一間接著一間，直到灑下了第一道陽光，才揭開了屬於拉薩的輝煌。我們互相道別之前，我要求益喜答應我一件事情，他欣然同意。「不要再和觀光客談政治了，還有甚麼麥克風、鎮壓的那些事了。你知道如果你不乖，你就會像凌增一樣，但為什麼要這樣呢？這些觀光客根本不在乎。他們回家後就忘掉西藏了。但只有你留下。」當然，益喜很年輕也很理想主義，想要用自己的聲音捍衛著自己的世界。在最後的話別之後，我從打過幾次電話到布達拉宮。最後一次的談話我們有些不歡而散。

「不要去談任何我們兩個知道的事情，這支電話已經被監聽了。」他告訴我，「有時候，我們可以聽到政府的間諜在電話另一頭。」

「你是不是忘記我們的約定了？」我問了電話另一頭的他。

「我沒有忘記。」他笑著回答。「但你不就是一個觀光客，不是嗎？」

哈里帶我沿著西藏公路逃亡，我們穿越西北邊的印度，配上寶萊塢節奏的卡帶，他挑選這樣的音樂，陪伴我們度過十一個小時之旅，閃過路上的大象和牛群，毫無疑問地，這些動物經過的路線都已經在他腦海裡，他向我誇口說沒人像他一樣在車輪底下討生活。不像瑪莎，我那強悍的曼谷計程車司機，哈里從未發生過車禍。這世界上沒有任何國家可以像印度一樣，讓任何像哈里這樣的人，有著乾淨的紀錄，都歸功於一個超幸運的法律，當你下一次再度開車上路時，過往的駕駛紀錄可以被修正。在印度開車時候，去想下條路要走哪個方向不太有意義，你就憑著直覺開車，開右邊、開左邊或是開中間都行。如果有其他車想要超車也沒有關係。通常兩輛車都會加速想要超越對方，有點像是俄羅斯輪盤，一邊搶到了另一邊就要熄火了。

「哈！」哈里很驕傲在上次對峙的時候他贏了。「他們總是屈服於我！」

每次看電影中的飛車畫面總會讓我暈車，但這次我用書蓋住眼睛，所以這樣我就不用看路了，或是想到關於那個機率問題。我正在讀得是本一本自傳，而我即將去採訪他：吉尊降白阿旺洛桑益喜丹增嘉措①（文殊尊者語自在睿智良慧持法海②）。書本中的某一張，描述一個關於丹增嘉措的性格趣聞。當他還是個小男孩的時候，喜歡爬上布達拉宮的屋頂，打開老舊的望遠鏡，水平遠望直到看見索爾州立監獄。當犯人看見小喇嘛在看他們，立刻停下手邊的事，向遠方的他跪拜。那些讓丹曾嘉措有些困窘的盲目獻身，不曾停止，這些由人們發自內心的感受，有極大部分原因在於他代表著某一種偉大精神，無人能及。達賴喇嘛從未改變，即使人們這幾年不停累積對他的崇敬，但是他有些頑固又急切地婉拒許多崇拜的花環，一直保留著赤子之心。人們認為他是神，但他知道自己只是普通擁有缺點的凡人。當人們公開地崇敬他，他卻走下台來與人們同坐。當人們視他為國家元首，他開玩笑地說，那也要先有國家吧。當人們對他真誠地跪拜，他往往像小男孩一樣臉紅了，像那個曾經在布達拉宮的屋頂凝望遠方的小男孩，與我們看見外面的達賴一樣不同。

不，達賴十四世不是天生的領導者，而是命運選擇了他負擔這個艱苦的任務：領導失去國家的人民，因為國家被竊占了。四十年過去了，達賴喇嘛仍然記得這輩子最悲傷的一日。那是一九五九年三月的最後一天。在雪地旅行數百里之後，躲避中國軍隊三個禮拜，因為他們佔據他的王國，他只能逃往邊界，眼淚在眼眶裡打轉，與西藏以及幫助他成功離開的人告別。他猶豫不決。難道不能膽小地拋棄他的人民？留下來解開人民的枷鎖比較好，還是在遠處幫助他們比較好？時間證明了他的選擇，如果達賴沒有試著逃亡出去，世界不久之後就遺忘了西藏。但即使選擇正確也無法消除他的疑慮。他只能靠著夢想支撐下去。

回歸家園的夢想。

哈里實現他的諾言，晚上安全地將我送抵達蘭薩拉街上的周拿民宿。民宿有十一間西藏傳統樣式的房間，還有一個雪杉樹的花園，以及寺廟獨有的寧靜。無懈可擊的地點位置，離達賴的住所大約五分鐘的路程，其他的民宿裡全是歐洲的背包客，他們來這座城市尋找自我。前幾天，我收到達賴私人助理的信息，丹增塔拉（Tenzin Taklha）告訴我，幾個月前我申請的專訪已經核准了。信件內容提到一些關於會面的建議，希望我可以問一些較為具體的問題，因為時間寶貴。塔拉應該不好意思說，達賴是個話匣子。我的朋友兼同事，多倫多之星記者馬丁雷吉前幾天也訪問過他，告訴他：「請原諒我陛下，我可能需要打斷你一會兒，因為時間很短，但我又有非常多的問題想問。」達賴喇嘛笑了，允許他可以打斷。

這些年，達蘭薩拉對達賴來說是個不錯的家，印度出借村落的土地給藏人，讓他的同胞可以流亡過來。最艱難的那一年，應該是雨季來襲的那年，下了三百天的雨。對外交通惡劣，生活困苦，這塊土地能夠看到得就是一貧如洗借貸而來的房子，這是暫時避難所，看起來很像在西藏，永遠都沒有前廳。當地人稱呼這裡是小拉薩，但在第一間避難所蓋好之後，一切卻改變了。房子的餐廳與廚房，掛著美國演員李察吉爾的相片，他是藏人的支持者，旁邊是達賴喇嘛的相片。在幾年以前根本無法想像，之後出現了許多噪音，還產生一些擁擠的交通狀況。以前位在一條小徑，一間屬於懷舊的電影院開幕了，小小的電影院只有擺幾張凳子和一台老舊的電視機。海報上說今天要放的電影如常：布萊德彼特演的火線大逃亡。現在街上開了幾間髮廊和一些觀光客的酒吧，提供給以色列的背包客。那時是二〇〇三年的夏天，中東地區爆發戰爭，沒有太多地方歡迎以色列的觀光客，除了達蘭薩拉。

這座城處於被拉扯的狀態，一方面應該要保存古老的傳統，那是他們流亡出走僅剩於擁有的價值，但另一方面又必須發展現代化以避免消失於世上。這份兩難也是一份對大家來說的陷阱，對西藏來說也有同樣危急的問題，因為他們的文化已經被趕回家了，但時間又不夠，他們必須盡快決定甚麼要留下，在拯救他們國家的路途上還有甚麼值得一談。例如有些老人家，仍然相信足球應該被視為非法活動。如同在喜馬拉雅西藏王國的第一個喇嘛，看到西方人介紹足球時就被嚇壞了，他們覺得足球很像佛陀的頭。年輕人看到足球會覺得這是一種自我認同的象徵，夢想成為西藏國家隊員，就像在中國人開的酒吧中會看到的國際隊伍，常會見到的示範賽。認同或者是缺乏認同，對出生在達蘭薩拉的藏人非常重要。他們不是印度人，但他們的確是這個國家的公民，卻又出生在這個世界遺忘的角落，維持生命的記憶如同氧氣一般存在，但年輕人都沒有看過，老人家或許也認不得了。他們的身分證上寫著，國籍：「無國籍」。

採訪達賴的前一晚，我先採訪了西藏傳統靈媒——乃瓊護法（Nechung Oracle）。幾世紀以來，藏人依賴擁有超能力的喇嘛，那是唯一能夠與國師（State Oracle）聯繫的人，與達賴喇嘛溝通意見的人，使他在危機之前作出好的決定。目前最新的乃瓊靈媒叫做圖丹歐珠（Ven Thupten Ngodup），是一位年輕又富有決心的喇嘛，一口破英文，他比前任們都了解生命，他喜歡寺廟的生活勝於真實嚴苛的西藏。歐珠自己就是一個物換星移的證明。他在寺廟的房間裡歡迎接待我，雙手合十，給了我一張他的名片。名片上寫：西藏國師靈媒，下方是他的名字還有雅虎信箱。歐珠很有幽默感，喜歡笑，我發現他的矛盾在於他的超能力，以及和俗世其他凡人維持溝通的必要。我再次看了一下名片，這真是我收過最奇怪的名片了。歐珠告訴我在我來之前，達賴喇嘛才剛走。

「他是不是擔心發生甚麼事？」我問他。

「嗯，通常他擔心事情的時候就會來找我。」他說，對於兩人緊密的關係頗為得意。「與神喻溝通是件困難的事。我必須進入出神的狀態，這是有點痛苦的經驗，我不是每天都能夠這麼做。」

「我明白，那麼達賴喇嘛在擔心甚麼？」

「我不能告訴你，這要保密，你在專訪時或許可以問他本人。」

達賴喇嘛在達蘭薩拉的家，擁有崗拉格谷的美景。這是一間簡單的房子，安靜又沒有多餘的裝潢。與擁有上千間房間的布達拉宮不同。當達賴喇嘛安定下來的第一件事，他捨棄所有的繁文縟節，因為這讓他與過去的人民保持距離。我特別欣賞他決定讓每張客人椅子都鋸斷，好讓大家都矮他一截的做法，因為這樣會讓客人覺得很不自在。達賴喇嘛在他的走廊接見我，握著我的手，穿過花園，到了會客廳。他關心地問了我在西班牙的家庭、工作，記者身分的一切，以及過去沒有停下來、四處奔波的日子。在他有點駝背的身軀裡，有著無限的對人性的關懷，無論房子有多大，你都可以感受到他的慈悲盈滿了整個房間。最初的時候，他讓你覺得沒有任何人比你還重要了，他好好地聆聽你的談話，無論在何處他都如此。他與我從前訪問過的政客，所散發出來的討好迎合完全不同，這些政客的態度與手勢，只是想要提醒你他們有多重要。你可以發現他們常常自我膨脹地像一顆汽球。達賴喇嘛是個笑口常開的人，他是一個快樂的難民，因為當所有的觀光客都能自由搭飛機進入拉薩，他卻被禁止回到他的家園。他那份簡樸的模樣，可以使人輕易地想像，有天他是否可以坐在馬德里的酒吧，和朋友喝啤酒，聊足球和女人。

「在我的夢裡我沒有想過要變成達賴喇嘛。」他告訴我的時候臉上還帶著調皮的笑容。「我只是另一個喇嘛而已。不管任何時候要是有女人出現我的夢裡，我都會立刻警覺我是一個喇嘛。」

「現實生活裡也有女人靠近您嗎？」

「喔當然！」他呵呵大笑了起來。「在現實生活裡同樣也會出現。可能在現實生活裡有超過至少十次，有女人向我求婚，不過她們通常都會得到令她們哭泣的答案。」

「這應該會讓許多男人忌妒。」

「我告訴她們有這樣的想法不太對，從佛教的角度來看這是一種原罪。我告訴她們，應該把我當作兄長。」

達賴喇嘛說他骨子裡是個社會主義者，他曾經很崇拜毛澤東，他認為他的平等理念和佛教很像，不過最後他發現共產主義缺乏基礎的本質：憐憫之心。達賴喇嘛的說法，不像其他西方世界一副發現了暴政要來發動戰爭一樣，而且西藏沒有石油，所以他擔憂他的國家。達賴喇嘛說他沒有動搖過將會重返家園的信念，若此生無法成行，來生肯定能夠實現，當他圓寂的時候，將會轉世成為第十五世，成為西藏永恆的光芒，他必須確定他的人民可以得到安全，就像父親想要確保自己的孩子可以靠自己力量成功。

「在西藏，我們常常持續練習想像死亡。」他告訴我。「我通常想，何時我能帶著勇氣離去。」

達賴喇嘛沒有對中國口出惡言，不管是對中國的領導人，或是將他與人民分開以及壓迫他人民的人。即使他在描述藏人所受之苦時，他的眼裡不曾出現過仇恨以及怨恨。沒有永遠的復仇，只有憐憫之心。我一定是因為訪問過太多政客了，一開始我不認為這是事實，這一定只是他在作秀，經過長久的練習才能讓一切說得如此自然的一種姿態。但是幾分鐘過去，我的懷疑消散了。我相信我的憤世嫉俗已經解除武裝了。生命已經告訴他，一個人的敵人永遠比他能夠擊敗的多，所以他決定擊敗那創造出敵人的仇恨，如此才能擁有真正的勝利。這樣的想法似乎只存在於烏托邦的孩童故事，與野蠻的真實世界脫節，達賴喇嘛已經準備好帶領這些站在懸崖邊緣的人民，勇往直前。達賴喇嘛要求他的人民懷著同情心看待這些軍人，即使他們在半夜裡帶走小孩，同情那些下令催毀他們房屋的官僚，還有那些拆掉他們寺廟和打其他們信仰的人。益喜如果有朝一日能夠聽到此番話，必定不會失望。

「我在布達拉宮遇見了一個很特別的小喇嘛。」在訪談的最後，我告訴達賴喇嘛這件事。「他是我在西藏的導遊，軍人曾經半夜去他的房間，要求拿下您的相片，但他老是拒絕。他的夢想就是來達蘭薩拉見您。」

當他聽了益喜的故事，他立刻浮現擔憂的表情。

「報紙上不會出現他的名字吧？」他問我。「這樣他會有生命危險。」

「不會。我知道。」

「那太好了。」他說。「我們要小心一點。」

根據某種直覺，講出益喜的故事，我微小地盼望達賴喇嘛可能有一點他的消息。因為現在布達拉宮的喇嘛已經很少了，他應該會注意到有一位從那裡來見他的喇嘛。但是達賴喇嘛對他似乎沒有印象。多倫多之星的記者雷吉，幾個月前也去了西藏，到布達拉宮的時候還有問過益喜的消息。別的喇嘛告訴他說益喜已經走了。他是否留在拉薩開始當導遊？還是他的夢想已經死在中國的監獄？或者他已經成功來到達蘭薩拉。這或許不是他的新旅程了，因為早在幾年前他離開昌都的小村莊，還是個小男孩的時候就已經在尋找達賴喇嘛了。我甚至能夠想像當他一來到達賴喇嘛的家，在外頭等待他歸來，就像每日他所會面的客人一樣。達賴會提供難民住所，給這個如此渴望見到他的喇嘛。因為當他們都是孩子的時候，也都住過布達拉宮，而且他們都得從西藏逃亡，以保存他們的信念。益喜會告訴丹增嘉措他曾經遇到過的重大危險。

「危險是甚麼？」達賴喇嘛或許會問。

益喜會說，「危險就是當我遺失了我的憐憫之心。」

①第十四世達賴喇嘛的法名

②第十四世達賴喇嘛的含義

曼海三

曼海三拾級而上，一次跳兩階，手挑著帽子，頂著參差不齊的瀏海，還有像松鼠一般閃亮的眼睛，從坑管裡爬出來。街上空無一人，沒有人從老舊的蘇聯公寓建築往外看，沒有人走在人行道街燈溢出的小小光池裡。他用他的小小臂膀推開厚重的金屬蓋，拽開它放在大約半公尺遠的柏油路面上，試著不發出聲音。索索曾經非常仔細地解釋過：洞口的距離要夠小，這樣才不會讓別人跌進來。不過如果有人夢遊走入，下面的溝應該夠寬能讓人迅速地爬出去，如果他們因為聽見腳步聲醒來的話。曼海三撿起兩塊潮濕的紙板，作為他在坑管裡的床。他蜷曲的樣子像個胎兒，小心翼翼地不要碰到潮濕的地面，然後緊緊閉上雙眼，決定不要睜開，直到凌晨第一道光照入他的巢穴。當一個膽小如貓的同伴不是件有趣的事，但是他每天晚上都很害怕，問他的朋友索索，今晚是不是會發生甚麼事？索索有點惱怒地如常回應他：「我怎麼會知道？你覺得我甚麼事情都知道嗎？」

曼海三是永恆之美的意思；巴盟代表永遠強壯；埃爾德內其麥格代表珍貴的珠寶；賽巴特代表英勇的英雄；伊吉巴特代表永遠的英雄；伊尊泰代表富足；傑北代表箭頭。蒙古語賜予他們兒童的姓名，擁有世界上最美的意涵。傳說中，有一次蒙古的天神騰格里（Tengri），接受了這些孩子，視如己出，如同曼海三。不過他不記得自己的出生，但對他母親來說，難以壓抑獲得他的喜悅，當她看見曼海三從她的腹部出現，有著圓圓的玫瑰色臉龐。她把他推向世界，又害怕惡靈將會把他帶往世界的陰影。她只有當母親時，才能在蒙古草原以侮辱天神的方式分娩大叫，假裝隱藏悲傷的淚水，她的眼中充滿蔑視，假裝讓那些惡靈相信，小孩太醜了不值得偷。

曼海三出生在蒙古包裡的駱駝皮上面，那是遊牧民族的家，不知名處的中央，可能是戈壁沙漠開始的地方，又有人說是盡頭。他的父親穿過大草原移動帳篷，身上裹著冰霜，或者是花朵。七年前，萬物皆是冰霜：冬天拖到四月，全家都找不到擁有綠草的海洋，海洋曾經讓成吉思汗陶醉，成吉思汗用自己的方式使其他國家落入他的軍隊手中。馬匹死亡，糧食短缺，曼海三沒有奶可以喝，但那裡其實也不曾有過奶給他喝，甚至連他的兩個兄弟都沒有。全家聚在帳篷裡，他們決定要去城市發展。

但在城裡並沒有任何東西給這些蒙古游牧民族，曼海三一家與其他遊牧民族，在烏蘭巴托市郊搭起帳篷，他們都是從蒙古各個角落而來尋找工作機會。沒有工作、食物或是援助，情況又變得更糟，最後曼海三的父母親再次打包所有的物品，又回去草原，但他們把自己的兒子留了下來。他被丟在社會部的前面，變成棄兒，希望有哪個官僚可以幫助他，帶他去孤兒院，有朝一日能瞭解他的父母親是出於愛而不是殘忍。那天晚上，他才六歲，第一次睡在城市下面的坑道。

第一次有人告訴我蒙古地下兒童的故事，是美國攝影師寶拉・布朗斯坦，那是一九九九年我在東帝汶被印尼軍隊脅迫時，所遇到的記者。寶拉其中一張照片，捕捉到一個男孩睡在坑管裡的樣子，在零度以下的半夜，和他的同伴擠成一堆。有些人就這樣死去：因為他們喝了烈酒睡著，吸食強力膠，既疲勞又飢餓，或者以上皆是，隔天早上被發現已無生命跡象，維持一樣的睡姿，凍死了。寶拉的相片背後的故事讓我感受到某種衝擊，我知道按照過去的經驗，我會放在腦中，像針一樣不時刺著我，直到有一天我將它挖掘出來分享。

竟然有人在烏蘭巴托機場等我，讓我非常驚訝。

「你很幸運。」一個駝背又身材瘦長的年輕人，在抵達大廳這麼對我說，跟我要了十美金，好讓他載我去旅館。

「我們這一周天氣很好。」

自從下雪以來，已經零下十七度好多天了。青左里說得對，這對世界上最不適合居住的首都來說，的確是好天氣。青左里很喜歡這座古老的飛機場，因為班機常常會延後起飛，甚至一個禮拜都因為暴風雪飛機無法起飛，還有一個原因是蒙古航空的維修問題。青左里的父母親就住在機場旁邊，每當他去拜訪他們之後，都會去大廳晃晃，向他以前的同伴打招呼，尋找乘客好賺點美金。青左里比別的司機強的地方在於他曾經在空中交通塔台工作過，他知道航班資訊以及一些偶發情況：他只需要去路上看一下雪量，或是計算風速，就可以知道班機會降落還是取消。有一天他厭倦看著政府官員總是瓜分天橋的利益，而像他這樣的員工只能領一點薪水，大概一個月一百美金，他就辭職了。他才大概二十歲，有著一份人人稱羨的工作，但他覺得在塔台工作只是一個橡皮圖章。

「那麼你打算做甚麼？」他的老闆問，認為只有瘋子才會放棄在這個爛國家裡，這份穩定、安全且一定會拿到錢的工作。

「還有很多事可做。」青左里說。

第一件事就是拿存款去買輛二手車，開計程車以及當導遊。

青左里說可以帶我去看地下的兒童。「白天時候，他們在火車站工作。」他說。

當我們抵達那邊，已經有上千個搬運工在鐵路旁邊等著火車的到來，渴望搬運卸貨的乘客行李，再搬去臨時提供的貨車上。高個子比較有利，因為可以在人群當中伸長脖子，看看到底是誰先下車。比較小個子的可以推著他的小車子，在人群中狂奔。許多人都想要先去拿外國旅客的行李，他們是從一個沒有寒冷、冬天或者是大雪的地方而來，那裡有大房子，開著六輪傳動的車子，當然，一美元的小費不會從他們的背包跑出來。

蒙古縱貫鐵路（Trans-Mongolian）在抵達北京前，先從莫斯科而來，將戈壁拋在後頭，乘風穿過山丘、河谷以及沙漠，如同成吉思汗在一二一四年的征戰，走到中都停下③。蒙古野狼那時還沒有看到任何的居住地，中國的皇帝金宣宗聽過大汗士兵的殘暴，因此只好姑息這些野狼，送給他們滿載著寶藏的車，上頭還載著美麗的公主，以及陪嫁五百位僕人，這些人後來加入侵略者的軍隊。大汗三年後仍然摧毀了中都。其中一個人見證了布哈拉城的陷落，成吉思汗認為這是最好的結果，他和他的人馬都認為戰爭只是單一案例：「他們去毀壞一切，焚燒房子，又改變心意，四處掠奪，最後離開。」

蒙古士兵在帝王領導之下，他的後裔在之後十三世紀橫掃萬物，從黑海到太平洋征服一切，建立幅員最廣闊的帝國，沒有人可以複製，直到第二次世界大戰。草原之王曾經宣告過人生的至喜是

「擊潰你的敵人，奴役他們，看著他的城市灰飛煙滅。看著那些愛著這些敵人的人，眼中充滿淚水，然後將別人的太太和女兒占為己有。」但是他活得不夠久，見不到那些他自己一手打造的衰敗。如果看到這幾年，那些蒙古女人是如何被別人攬在懷裡，他將會覺得受辱，一開始被中國入侵，之後是俄羅斯人，現在是任何帶有五美金的人。在烏蘭巴托旅館舞廳的女人，賺取旅費，好讓她們一年至少兩到三次能夠像成吉思汗一樣，旅行到中都。蒙古縱貫鐵路延伸出去，把戈壁拋在後頭，穿過山脈、河谷與沙漠，直到最後來到北京工人體育館旁邊的瑪姬小酒館。你可以看到她們在那裡跳舞，靠近飲酒的客人，在他們旁邊耳語，讓他們今晚可以把她們帶出場。

在烏蘭巴托的一個寒夜，青左里帶我去烏蘭巴托的夜總會，那時我看到「世上最漂亮的女人。」蒙古在我眼中，好像一個孤單的人，坐在酒吧的角落，緬懷永不再回來的過去，然後巡視四周，忘記當下，每一口啜飲都顯得如此苦澀。蒙古人民的憂鬱在我們拜訪的酒吧隨處可見，還有在成吉思汗旅館、成吉思汗伏特加上面的照片、成吉思汗香菸外包裝、紙鈔上印著的成吉思汗，還有我們降落的成吉思汗大道。蒙古人飲著懷舊，活在期待現實成真的夢想裡，希望成吉思汗能夠再度出現，轉世成為小男孩，出生在駱駝皮上，像是曼海三這樣的小男孩，也許能夠再度帶領這片土地找回昔日的榮耀。

曼海三與索索在蒙古縱貫鐵路那邊賺取一點點錢，背著兩個大袋子，裡面裝滿從火車站入口撿來的垃圾。曼海三的表情十分哀傷，甚至有點痛苦。後來我發現他的表情有好一點了，索索則看起來比較驕傲和慵懶。男孩們的臉頰因為寒冷而潮紅，穿著破爛的衣服，小心翼翼地走在路上。青左里跟他們說了點話，給他們東西吃，問他們住在哪裡。

「那裡。」索索指著地下。

他們同意帶我們到他們的避風港。

這不是一個很大的房間，大約十六坪，二公尺高，位在地面下半公尺，當我們進去的時候一陣熱氣撲向我們的臉。在最冷的那一天，街上零下三十度，但是在這擁擠的房屋裡卻是三十度以上，熱氣讓這裡的空氣令人窒息。每個房間與其他房間不相連，不屬於地下水道系統，而是蘇聯時期建置的暖氣系統。這些坑管夠大，足以容納兒童，睡在這些暖氣管上方而不會掉下去，暖氣系統是與煤礦工廠相連。兒童睡的這塊地方，又小又深。許多坑管裡，充滿了滾燙的熱水，還有一些破裂的地方，代表這些坑管十分老舊。當有人大叫：「離開！離開！」他們就必須趕快逃離這滾燙的洪水。當有小孩死掉，或是非政府組織在外面抗議，警察部們就會來個突襲檢查，逮捕大約一百名兒童，把他們關在老舊的烏蘭巴托郊外軍營，在那裡常常被羞辱以及毆打，之後又被丟回街上。曼海三和其他小孩已經學會要懼怕這些突襲檢查。

「他們今晚會來嗎？」

他們形成了小團體，在牆上刻上他們的名字：為了劃定好範圍，且警告其他孩子這裡已經被佔領了。有些衣服掛在管子上的勾勾，在這個臨時的避難所中，牆裡面有一個洞，放了個銀色的香皂和一瓶古龍水，這屬於年紀比較大的孩子奢靡行為。隧道有兩個入口，一個在人行道，另一個在街道的中央，因此如果有個孩子不小心探出頭，可能就會被首相的豪華轎車車隊輾過。但是沒有人可以控訴首相的疏忽：蒙古政客急於利用最新的資本主義到來，盡可能地變有錢，然而卻從未出現去關心這住在地下的四千名孩子。

曼海三這票人是由五個男孩和一個女孩組成，曼海三與索索年紀位在中間，他們差不多十三歲或十四歲；巴蒙只有十歲，最小；埃爾德內其麥格十一歲，是個又狂野又害羞的女孩，她沿著坑管爬行，宛如松鼠般敏捷，有一雙美麗的、闃黑如夜的眼睛，藏在她一頭亂髮之下。她從未開口說話，也許她不認為對那些未經允許就進來得陌生人有甚麼值得好說。賽巴特，十七歲，他的夥伴伊吉巴特，十六歲，已經是老油條了。沒有人看起來與實際年齡相符：在這座城市裡糧食短缺，阻礙了他們的發育，所以比實際年齡看起來年輕兩三歲。

兩個年紀比較大的男孩，與巴蒙一起消失在黑市。他們跟著一個集團，一起偷觀光客與心不在焉的當地人的皮包。我們到了市場看見他們工作的樣子，其他的幫派沒有打算要來偷青左里的皮夾，這讓青左里覺得很好笑。

「這些小孩很厲害。」他有些開心地說著，至少我的皮夾完好無缺。

這些地下兒童幫派分工細膩，之後再平分賺來的錢，部分拿來買食物、衣服或是伏特加。女孩就在巴士站為了五塊美金，出賣自己的肉體。男孩尋找一些稀奇古怪的工作來做，然後坐在鐵路上吃東西，如果沒有任何人從蒙古縱貫鐵路而來，他們就會自己去城裡買醉，對任何人來說，在烏蘭巴托的街上討生活不太容易，但對活在地底下的年輕人來說更不容易。所以沒有人問埃爾德內其麥格的錢從哪兒來。

他們甚麼都知道。

冬天裡的第一道寒流特別難熬：當巨大的嘩啦啦的水聲出現，這塊最好睡覺的場地就消失了。年長兒童的幫派，驅趕曼海三和他的朋友們，離開這個又大、位置又好的隧道，他們從十月就住在這裡。隔年三月結束，地下王國將會被清楚地分隔開來，野蠻的拿著刀子以及拳頭互相攻擊之後，出現各自的領地。賽巴特參加很多次這種小爭鬥，在幫派裡頗受尊敬。他第一次出現在街上是一九九〇年，那時蘇聯垮台，蒙古出現民主。莫斯科一年提供九億美金的補貼，支持那些擁有財產的人民，包含他們的意識型態，就是那超過整整七十年的規則。平均而言，蒙古人在蘇聯之下，至少都可以保證有份工作、一間公寓，食物和退休金，但是當資本主義出現，就把國家推向一片混亂，他們被迫自己去找生存之道。人民失去政府工作，上千名人民從國宅被驅離，也沒有了政府的工作，從莫斯科來的補貼，可以彌補國家經濟的三分之一，也消失了。蒙古縱貫鐵路不再載滿了蘇聯過來的官員，農業與工業衰頹，社會因為家庭分裂而瓦解。兒童被拋棄，或是因為家裡太窮、有人酗酒和家庭暴力而逃離。

賽巴特的家，在東戈壁省（Dornogov）地區，他們是遊牧民族，因為失去一切所以決定拋棄四個孩子中的一個，這樣才可以養活其他剩下的孩子。他們登上火車，當他到了烏蘭巴托火車站，他們給賽巴特一袋食物，一頂帽子，還有一件外套，告訴他在火車站等他們回來。那時他才七歲。兩年之間，他住在把他帶往城市的同輛火車車廂，坐回去又坐來，在月台上等著父母來找他。他靠著鐵路職員拿食物給他吃而活下來，直到有一天，在烏蘭巴托的月台上，另個小孩問他在等誰。

「我爸爸。」賽巴特說。

「他不會來了。」他們告訴他。

之後他加入了幫派，從此之後就與他們一起了。

當賽巴特說著這個故事的時候，忍住不在別人面前哭泣。他受人尊敬，也令人畏懼，就像是個地下王子，所以不能表現出任何的脆弱。蒙古男人自搖籃時期開始，就被教導不能表露情感，甚至與自己的朋友和家人都不行。蒙古男人絕對不可以哭。

賽巴特現在有女朋友了。芸台是街上的女孩，十四歲，在公車站出賣肉體，就像其他女孩一樣。賽巴特與芸台在那裡相遇了，那是冬季最冷的一天，他們一起進入房間，在熱水管上面做愛，試著不要跌入地上的水窪，在燈照不到的後方緊緊擁抱。他們兩個月前「結婚」了，模仿在奈拉姆勒公園的婚禮宮，每天都會舉行的儀式。點燃上千根蠟燭，賽巴特告訴芸台他們會永遠在一起。然而，他們兩個都感染了梅毒，他們請我可否幫他們去藥局買藥。我回來的時候，帶回一些盤尼西林，我發現賽巴特很害羞，而且堅持他沒有出賣肉體，這都是芸台的錯。她點點頭。王子從坑管上走下來，仍然必須維護名譽。

曼海三、索索、賽巴特和其他孩子，坐在其中一個坑管上，告訴我地下生活的模樣。這裡不僅是平行於世界的避難所，在這裡的生活，仍然有一定的規則，孩子們都很懂。有些規則很好，有些很不好，但是他們比起在街上執法的人還要好。這是一個必須對幫派忠誠的世界，也是他們唯一的家，為了活下去所以彼此幫忙，忠心耿耿地對待彼此。這些規則已經被成人世界遺忘了，如果沒有這些規則就活不下去了。烏蘭巴托的街童就如同其他巴西、南非或是菲律賓的孩子，但是天寒地凍使他們與眾不同。生存本能迫使他們活在地底下，遠離成人，他們自己建立屬於自己的社會。那些活在地上的人們已經忘記他們的存在，甚至他們也比較想要選擇遺忘。他知道他們活得像老鼠，只要視而不見，就不會有人覺得困擾。一個蒙古傳奇描述三種世界：天空，那是由騰格里和不朽的藍天主宰的王國；中間的現實世界，由人類組成；地下的世界，由惡靈所居住。兒童讓第三世界變成他們的家，住在地下宛如遊牧民族，每一季就換個巢。在他們案例中，他們住在這個世界給予他們的地方，征服較弱的團體以捍衛領土。

「我們是地底下的遊牧民族，像成吉思汗一樣。」賽巴托這麼說。

「對，遊牧民族。」伊吉巴特笑著附和。

曼海三和其他人正在睡覺，即使索索蓋的房間已經封存了，但那裡十分隱密，很少其他兒童會注意到有人在這裡。有四種類型的人會來拜訪地下的兒童。在這之中，只有一個好人，那就是吉爾伯特神父。在蘇聯政權垮台之後，宗教自由最近又出現在蒙古了。俄國人銷毀大部分的佛教寺廟，在原地蓋起單調的國宅、工廠和共產黨辦公室。上千個喇嘛被寺廟趕走，被迫過著世俗生活，包括穿上西方樣式的牛仔褲。在一九三六年的一次整肅行動，一萬七千名喇嘛被處決。佛教是亞洲主要的精神力量，大屠殺代表邪惡世紀的開始，就像共產黨壓迫西藏，蒙古共產黨帶給這些富有慈悲心的寺廟死亡。

民主的到來意味著緩刑。喇嘛被允許回去那些碩果僅存的寺廟，奮力地想再次贏回人民的信仰。隨著共產黨的衰落，許多基督使命教徒準備好填補信仰的真空。烏蘭巴托街上充斥著西方使徒——摩門教徒、安息日會和美南浸信會，都想要介紹上帝給蒙古人認識，能夠帶領他們脫離苦難。梵諦岡立刻恢復與蒙古的外交關係，派了大量的使徒到蒙古。吉爾伯特神父是其中一個被選中加入聖母聖心會的神職人員。

不久之後，他抵達他新的終點站，他的同事努力想要改變大多數人的信仰，讓國家的宗教重生，好像是佛教與基督教的競賽，但是這位年輕的神職人員遠離這些想法。吉爾伯特神父想要做別的事情：他是新一代的使徒，降低了福音傳道的重要性，希望將精力放在那些常常被忽視的俗世工作。當他一九九三年從熱帶地區來到蒙古，主要任務是幫助烏蘭巴托人。他只有求上帝賜與他做這些任務的力量。不花費從羅馬來的經費，與其他宗教團體舉行聚會，討論如何吸引新的人，神父開始在巴彥郭勒區（Bayangol）建造兒童的避難所，那裡離鐵軌很近。一年後，吉爾伯特神父的家變成這座沮喪之城裡的希望堡壘，在烏蘭巴托唯一安全的天堂。

每週三神父說，「走吧！」開著他的休旅車，帶著熱茶和餅乾，從不同的渠蓋孔到另一個渠蓋孔探險。他提供避難的地方，如果這些小孩有需要的話，甚至如果覺得身體或心靈受傷了，他都有疾病的解藥。他的南懷仁兒童中心有乾淨的床鋪、熱水和志工，想要讓兒童有家的感覺，即使只是一下子而已。吉爾伯特神父有著很好的理由相信，那些在街上流浪超過六個月的小孩，很難再融入社會。所以他花費所有的力氣在年輕的孩童，還有那些最近結束流浪生活的人。「他們來這裡，毀掉一切，因為他們還有野性。」他體貼地小小埋怨了一下，即使最狂野的人在這個兒童之家做了一些惡作劇。曼海三記得曾在吉爾伯特神父避難所的日子，但是他從窗戶逃走了，因為他無法守規矩，睡在白床單上，用器皿吃飯。這種方式有點像毛克利，那個叢林奇談裡，在印地安叢林中被狼養大的小男孩。所以怎麼能期待這個菲律賓的神父能夠感化他，那裡不存在冬天，不需要在深夜撞開渠蓋孔。

不過今天不是星期三。

如果今天不是餅乾與熱茶的日子，那就有可能是另外其他三種會來拜訪的人，這三種人都不受歡迎。一種是敵對團體，來尋仇的，但這種仇恨都很小，不像大型團體的仇恨，見不得光，如同冬天的盡頭。也有可能是一些年輕有錢的幫派，通常是政府官員的後代，與商人保持良好關係，只是為了擊敗街上的小孩來尋開心。「有時候，我夢到他們把渠蓋孔封起來，我們就永遠被封在地下了。」曼海三說。「我很怕他們。」第三種也是最令人害怕的就是警察。我從來沒有聽過小孩抱怨老鼠，因為牠們會來搶地盤，又髒又濕。但是他們討論黑暗、飢餓，還有恐懼，所有的恐懼之中，最壞的就是警察。

警察會走下來大叫，要他們都出來。一個接著一個，幫派成員被放在囚車。夜晚突襲，很多穿得破爛的孩童被包圍。警察通常都會把他們拘留整晚，任何事都有可能發生在天亮之前。在釋放前通常他們會被揍，被剝光，被羞辱，被警告不得再次出現在他們面前。但是這些毒打都太過狠毒，好幾週他們都無法回到地下。有些人就往生了。有些女孩有計畫地被性侵害，充滿羞辱的回到她們的洞穴，就像遇到那些在公車站拒絕付錢的乘客一樣。他們被搶奪了唯一的財產，那就是尊嚴，這塊令人失望的地方竟然還要被出賣。在突襲之後，回到避難所，沒有人問她們是如何被釋放的。但他們都知道。

這所謂「淨化的程序」一年大概會發生個兩到三次。在監獄裡，飽受暴力與羞辱的夜晚之後，孩子回去地下，想要沉迷於酒精及吸食強力膠忘卻痛苦，無論今天是假日或者是新年。一個接著一個，曼海三的幫派傳遞強力膠罐，放在鼻子的下方，深深吸一口，閉上雙眼，皺著眉。一開始感覺很像有蟲在頭骨裡爬，吃掉他們的腦。「駱駝大便！駱駝大便！」賽巴特大叫，他們都笑了，然後跳進水窪。一杯伏特加就讓蟲不見了，頭開始昏沉，變成柔軟的、天鵝絨般的雲。接著索索、賽巴特、伊吉巴特、巴蒙和埃爾德內其麥格就能離開悲傷的烏蘭巴托，在草原翱翔，大笑與大哭，然後產生幻覺。他們可以假裝自己的生活是好的生活。最後他們昏倒了，夢到在垃圾堆發現的雜誌，上面的歌手與演員，這些雜誌拿來裝飾地下的房間，證明烏蘭巴托的地下也是能過日子，在蒙古的第三世界。

唯一無法走入這個美好世界的狂歡的人，是曼海三。他一直是個被嚇大的、膽怯的，以及內斂的小孩。很難讓他開口說話，有時候往往沒有人問他，他就會突然說出自己充滿憂愁的願望，「我不想再去嚇任何人了。」他的話讓你體會在這個老鼠出沒的地下之城的現實。曼海三是所有小孩當中，至少能夠發洩地下生活情緒的孩子。他不知道如何隱藏痛苦，哭泣的時候不會感到羞愧，他常常在哭，抱怨肚子餓的時候也不會害羞，承認自己很想念他的母親，那個告訴他駱駝故事的母親，還有在家族蒙古包裡頭的野狗。其他人已經習慣了，但是生命裡的這些片段對曼海三而言，都好痛苦。他的臉被灰塵塗得漆黑，他滿手都是傷口，他坐在坑管上，與其他人隔開，又開始哭了。

「住在屋裡的孩子想要殺死我們。他們說有一天要把渠蓋孔都關上，我們要被永遠關在下面了。」他說，似乎又想起這個夢魘。

「甚麼孩子？」

「住在房子裡的孩子。他們來羞辱我們，用樹枝打我們，朝洞裡丟東西。」

「他們何時來呢？你們要怎麼保護自己？」

「我們無能為力，只能讓他們打我們。」

「為什麼？」

「因為他們住在上面，而我們住在下面。」

這裡沒有四季。只有溫暖與寒冷。

戈壁蒼白的色調，形成一百萬平方公里的孤獨，它是亞洲的心臟，夏季向晚時分的光與影，讓它變成紫色。不朽的藍天騰格里，與沙漠蒼白的色調玩著遊戲。當大地解凍，草原掀開了隱藏的綠色，而城市脫下冬天的憂鬱，不再變得灰沉沉。如果你在寒冷的季節造訪遊玩，然後又在溫暖的季節離去，你將認不出它，因為一切都改變了。

夏天來臨的時候，所有小孩都從洞裡出來了。有那麼一會兒，烏蘭巴托的事物都變得簡單了些。不管在任何地方，公園或是空地，都是個睡覺的好地方。而且有更多觀光客從火車站來，幫他們提行李賺錢比較容易，有幾個月，曼海三與其他小孩，離開地下精神堡壘，十月再度歸來，當寒冷的氣溫降臨，為了更好的房間，孩子間的戰爭又開始了。戈壁再一次被畫上其他色彩。許多人待在家等待觀賞愛情劇，無聊報紙製作的蒙地內哥羅小星星，還有在「骷髏臉」的百萬富翁龔薩雷茲，蒙古電視頻道每天播放委內瑞拉肥皂劇，每周日連播五小時。蒙古人看劇不用字幕或是配音，因為沒有錢去翻譯這些上百部的影集；他們跟著看，好像西班牙文是他們的母語一樣，他們學西班牙文也不需要太認真，有很多人相信小星星和我一定來自同樣的國家，所以重複地叫著我的名字歡迎我，或是模仿她劇情裡的手勢。因此當我進去一間餐廳，主人會對著我說Sainbainuu？（你好嗎），還會聽見某些回應像是：你為什麼不愛我？（¿Por qué no me amas?）

在餐廳、家裡、公共場所和火車站，每個人都對小星星的不幸感同身受。通勤的人在火車站的等候室，目不轉睛看著電視。小孩子不論何時看到談情說愛的片段，都大聲地笑鬧。蘇聯在一九二四年來了之後，電視變成一種野蠻的象徵。地球上最古老的遊牧社會遺跡，就是那些大草原上的男人，但是他們現在可以去加州海灘旅遊，看世界杯，參加維多利亞秘密的走秀，都得歸功於電視連接無止盡的衛星訊號，這些設備用太陽能電池，而且太陽能還可以連接老車的電池。

這些都發生在戈壁沙漠的中央。

當蒙古人打開電視，他們看不見美國或歐洲的進步，而是尋找自甘墮落的證據。螢幕顯示的是一個錯誤世界，裡面豐饒富足，城市裡擁有一座極好的牧場，彷彿你隨時穿過街道，或走進店裡就能買到一瓶發酵的馬奶。游牧民族幻想那樣的生活，以一種成吉思汗的模式，一切似乎都很合理。他們的生活始終緊貼著土地、牧場與動物，但是沒有柵欄或是鐵絲網，因為遊牧民族需要空間與自由，尋找最好的牧場和更佳的騰格里。蒙古人與蘇聯有共同點：他們都不相信私人財產。

電視改變蒙古人對於幸福的感受，他們的盼望、需要以及企圖心都改變了。青少女想要蒼白的皮膚，閃亮的頭髮還有婀娜的蜂腰。她們向父母要求洗髮精和泥漿面膜。她們為了不可能成為像電視上一樣的女生哭泣。年輕人不再因為照顧動物及在草原奔馳而覺得興奮，他們對於繼承家業沒有興趣。他們寧可在城市裡討一份工作。電視喚醒他們的夢想，那夢想對他們而言又新又不熟悉，而且有時充滿謊言。

受到城市教育的新一代政客，認為游牧生活是落後的象徵。他們想要將一些小型的私人土地，目前放牧牲畜，轉變發展成具競爭力的小型工業化城市。都市化與消費主義，財富分配不均，將遊牧民族邊緣化。蒙古的景觀已經改變許多，現在許多人都在草原上賽車，那是俄羅斯製的機車，而放棄祖先征服世界的馬匹。年輕人開始大量離去。他們去烏蘭巴托的夜總會，如同我在美國老西部看到的景色：一群年輕人牽著他們的馬到街上的夜總會，在舞池隨著饒舌音樂起舞。他們從幾百公里遠而來，把牧場拋在後頭，平時在牧場與父母同住，然後周末去城裡玩樂。

青左里告訴我應該去烏蘭巴托郊外，看看蒙古人生活上局部的改變。我的空中塔台管制員，也是我的計程車司機，又是我的導遊，常常夢想存夠錢買一台適合所有地形的車子（通常稱做沙灘車），帶觀光客能去看「肯特山脈、航愛山及索永山的偉大奇景，克魯倫河、鄂嫩河及土拉河，庫蘇古爾湖、烏布蘇湖及貝爾湖，偉大的戈壁還有南邊的海洋沙灘」，蒙古詩人那楚克道爾吉（Natsagdorj），看見冬天草原上的水晶與玻璃，以及夏天滿地的花朵。那是在青左里說「很多事情已經改變了」的兩年前，最後經營沙灘車的公司到處都是，金色廣場公司成立目的就是揭露蒙古之美，給那些不相信的人，例如我。在所有的蒙古人內心裡都是遊牧民族，青左里應該是我遇過最城市化的蒙古人了，但卻享受在不知名處的草原中央，橫渡戈壁，與鄉村的人民共樂，但現在似乎不太能展現出這一面。青左里說得一口好英文，也有旅行的經驗，已經準備好了。我問他不想離開這裡嗎，難道不想去別的更有機會的國家？

「離開？」他問，「離開這個地球上最棒的地方？離開最美麗的女人和最忠實的朋友？每次當我離開，我總會聽見一個呼喊聲把我拉回來。我不知道還能在哪裡居住，相信我，或許不是如此，但我真的認為蒙古是地球上最棒的地方。」

我們往北穿越大草原，過了幾公里青左里總會問我覺得如何，即使我去過歐洲、亞洲或美洲，那些我認為更美的地方，勝過這冰雪覆蓋的河谷，野馬飛奔穿過的草原，無垠的平原像冰做的鏡子，鏡子反射出這些人民如此驕傲地凝望。蒙古不再是一個酒吧中被遺忘的角落，那裡坐著的一個男人，試著遺忘過去，而是在夜晚耀眼的明星了，穿著華麗，一頭蓬鬆秀髮和友善的笑容，與她一起對唱。是的，青左里是對的，蒙古真美。

在遠方的山丘上，我們看見牧場，決定停留一下。那裡住著一對夫妻還有五歲的兒子，傑北。

如同幾年前曼海三的父母親，他們絕望的尋找動物的牧場，最後在距離烏蘭巴托幾百公里遠的地方停下來，危險的貼著不屬於他們的生活。去年，蒙古遭遇嚴重的乾旱，緊接著是嚴苛的大雪，冬天零下四十度，每天都是夾帶著冰的風。蒙古人說這這種現象叫做嚴寒（dzud），風暴蹂躪草原，動物餓死，對最堅強的遊牧民族來說是個悲慘的生活。這是季節以它最殘暴的形式，它打碎了所有人的夢。嚴寒將蒙古變成具有詩意的一片墓地，上千種動物了無生意，堅硬的凍著，就像被成吉思汗荒廢的中都。當旅人靠近中都的時候，會想這是否是在遠方的一座白山，中都的居民告訴他這些都是屍骨，被大汗的士兵成疊堆起。

為了對抗冰冷的季風，有些家庭聚集了死掉的動物在他們的帳篷外，建了一道屍體做成的牆，保護自己免受零下二十度的強風吹襲。嚴寒通常每五年或六年，都會打來擊草原一次，但是二十一世紀之後，每隔兩年就來一次，但是蒙古人還不知道，仍然有更多次在等著他們。他們的動物死去，害怕小孩沒辦法生存，上千個遊牧民族聚集在烏蘭巴托郊外，搭起蒙古包，失業的男人或是不適應新生活的人，酗酒以對抗沮喪，讓烏蘭巴托市變成全世界人均消費酒精最高的地方。有一些被酒奪走生命，反正生命也認不得他們了。每天，都有小孩子加入黑暗的地下穴居世界。

年輕的遊牧夫妻邀請我們喝杯茶。帳篷的開口向南，就像傳統說的那樣，坐北朝南。左邊是給客人坐，中間後方是上位（khoimor），給最尊貴或是最老的人坐。那裡也有一個小小的神龕，中間有火爐，牆上掛著相片。在牧場旁邊有小耳朵，連接老舊電視，收看國際頻道。先生叫作袞庫，談論關於冬天的苦境，問我們城裡的生活。「同樣辛苦。」青左里說。沒有提到我們離開烏蘭巴托的時候，外面有上千個蒙古包，在不毛之地上面聚集。我們回頭看，不確定年輕夫婦到底選擇城市還是草原，我希望他們可以回頭。雖然他們似乎也不太願意。傑北會不會最後也要在地下生活，就像曼海三那樣？還是尋找寒冬裡，自由地在被白色覆蓋的大草原上奔跑的日子？還是在夏天出現的綠草如茵的海洋？

外出穿越草原回到烏蘭巴托，青左里一小時之後來接我，我們再去尋找曼海三與他的同伴，他們不在家，我們回來太晚，但是他們晚上也沒有回來睡覺，雖然烏蘭巴托已經下起雪，而且氣溫又開始往下掉了。

「他們明天應該會出現。」看見我很擔心，青左里說。

我們隔天去也沒有找到他們，這兩天在街上也想找他們，火車站也去了，黑市也去了，城裡也去了。我們問其他地底下的孩子，這幫人呢？沒有。我記得最後那一天我在他們旁邊，有個當地的集團，從來不給他們麵包和熱牛奶，污辱他們，因為他們身旁站著外國人。「不要跟他講話，你讓蒙古蒙羞。別人會怎麼想？」一個拿著雜貨店塑膠袋的女人說。「應該有人打電話叫警察。」另個男人出於自大而不是憐憫這麼說。這天下午我們在房間裡塞滿了可口可樂，那天我終於看到曼海三笑了。

我該走了，我很抱歉無法再去地下看一眼。青左里打電話給老同事，問何時班機會起飛，烏蘭巴托正在下雪，我們還有幾小時，在我們去機場的路上，我們停在成吉思汗的兒童之家，蒙古的第三世界，永恆藍天之下的兩個故事。街上空無一人，沒有人在這區的盡頭尾端，從這棟蘇聯時期蓋的老建築物往外看，也沒有人待在機房。入口被封起來了。也許他們回來聽到腳步聲，悄悄地溜進坑渠裡，或者從富裕家庭裡的兒童手下逃出，或者又被警察搜索。也許他們決定去別的地方——總之，仍然是地底下的遊牧民族。

③現在的北京

小金

光亮。黑暗。

一張衛星照片顯示夜裡的朝鮮半島。半島的南邊就像聖誕樹一樣，被閃閃發亮的光點裝飾。那些光點代表辦公室、俱樂部、客廳、高速公路、充滿街燈的道路、有著電視機的家庭。都是亮的。38度線以北，巨大黑暗的房間。所有的人民住在裡面，都是暗的。

在黑暗中旅行不是一件容易的事情。警衛不情願地開門，讓光從一條縫進來，因為國家已經被封印了。在香港旅行社，他們給我的一張紙上寫著，進入這個國家不允許「日本人、美國人和記者」。

「你是其中之一嗎？」他們問我。

「哦，啊，呃……當然不是。」

我的目的地是一個充滿謊言的國家，由一位在一年前已經死去的男人所領導，那時政府還宣示要建立一個天堂，但事實上人民都死於飢荒。如果這幾天我必須活在謊言之下，我只好幻想新聞工作倫理審查員會原諒我。為了拿到簽證，我必須有個假身分。龐彼得幫我準備一份商務文件，他是我在香港曾用過的高效印表機的老闆，協助宣稱我是紙工廠的銷售經理，另一位好朋友寫信證明我為這間工廠工作，因此幻想中的新生活，已經填在旅行社上的履歷表。在一段昏昏沉沉的旅行之後，我見到北韓的官員。他們查驗我的資料，打電話給我的公司，龐先生告訴他們：「是的，希門內斯先生在這裡工作。他是紙廠的銷售經理。」於是，黑暗之國發給我七天的簽證。

我先飛往北京，再搭乘高麗航空到平壤。飛機在二〇〇一年的冬天降落，但是當我抵達北韓之後，我立刻被通知要調整我的行程。回溯到一九九二年，北韓政府決定重新調整國家的紀年，將前北韓領導人「永恆領袖」金日成的生日，做為原始紀年，他已經過世八年了，但人民仍然想著他可能還活著。如同太陽，屬於永恆，永不停止的照耀。當金日成留下了孤孤單單的北韓，根據記錄北韓人民表現地極為震驚。上百萬人在街上哭泣，好像失去了此生的摯愛，又舉辦大型競賽，彼此之間比賽對於領導人的離世，不同程度的悲傷。上千名民眾昏眩，在街上打滾，看起來就像癲癇發作一樣。朝鮮中央電視台（KCTV）是政府的官方頻道，新聞主播無法說明領導人的死，觀眾只聽見哀嚎，間或夾雜著哽咽，以及無法連貫的字句。「真的嗎？您拋下我們離開了嗎？我們該如何活下去？」從那一天開始，北韓將領導人的遺體做防腐處理，他的兒子給他一個封號是「偉大的領袖」，他自己的封號是「親愛的領袖」（Dear Leader）。

父親與兒子攜手將國家帶往毀滅。

「歡迎來到一個前所未見的國家。」朴先生和辛小姐在機場接我，彷彿能夠看穿我的心思。朴先生是中年的退休軍人，她是年輕的前舞者，因為一場手術結束了職業生涯，他們是政府官派的導遊，也可能是軍隊的間諜，在這個全世界最超寫實和專制獨裁的國家，只為了控制這幾個外國人。這兩個間諜的選擇絕非偶然：他們都必須肩負著額外的間諜工作，監看對方，回報他們的長官。在機場另一個迎接會議是由另外一位朴先生協助。他站在黑色賓士車的後頭，那是政府為我提供的。很巧地剛好出現了兩位朴先生，不過這也不是件特別的事，有超過一半的韓國人，無論南韓還是北韓，都有同樣的三種姓氏：金、李和朴。儒家觀念認為有同樣姓氏表示來自一樣的家族，即使不認識對方，但追溯家族源頭一定仍有關聯。因此在南韓禁止同樣姓氏的人結婚，不過這產生了一個問題，假設有人姓李，他就有可能必須放棄每一千人中的一百位姓李的人，但卻可能很適合他，假設在酒吧想認識人，對方要是姓李的話也必須作罷。

「您被認為是傑出的貴賓，因為不常有西班牙人來這裡。」辛小姐這麼說，她穿著傳統的韓國服裝。「是的，我們親愛領袖的貴客。」朴先生補充。政府幫我安排住進羊角島飯店，那是一棟42層樓高的建築物，有上千間客房，只有12個人住進來，這間飯店位處大同江的中間。飯店櫃檯準備好相片，還有一些歷史文件，裡面盡是美國與日本在朝鮮半島的虐殺行為。我的兩個導遊走出車外，拿起行李，我忽然覺得我們似乎是一起去旅行。

「為了確保您的安全，我們會睡在您隔壁房。」朴先生說。

「是的，為了您的安全。」辛小姐說。

好吧為了我的安全，飯店的後門永遠上鎖，永遠有人在前門守著，確保每個人身邊都有個間諜導遊。黑暗之國是個巨大的監獄，裡面有一百二十萬名軍人，二十萬警察，上千個線民。當早晨來臨警報器會及時熄滅，廣播器就掛在每個人的房內，廣播會大聲地將尖銳的聲音穿透房間。

「革命如同每日的工作！」「我們應該對偉大的領袖保有信心。」「我們應該建設一個有力的社會國家！」這是親愛領袖的願望，在地球上的史達林天堂，這是地球上，最後的、最純粹的新生活。獨一無二的暴政等著他們的，從勞改營到酷刑室，再教育那些走入歧途的心靈，還有大型毀滅武器的實驗室。

我覺得我在這裡應該會玩得開心。

我在北韓的第一天必須對這個政治怪物陛下表達敬意。我們準時出發，我的導遊帶著我，我想是否該買束花而且在偉大領袖的雕像前跪下。國家已經守喪三千多個日子了，但是還是有人會在街角哭泣，跪在雕像的腳邊，去拜訪他出生的村莊，在國家博物館，導遊就像專家一樣，告訴我們關於金日成的一生，不可思議的編年史，無止盡地說下去，直到觀眾哭出聲音。

不令人意外，所有人，配戴著兩個金先生照片的胸針。學校、工廠、辦公室、地鐵、街道和每個家庭，都掛他們的畫像，如果大家都如此認同這個國家，就不會有人認為他們是暴君，他們將這些畫像視為一生的珍寶，我現在還有一塊韓國中央新聞局給我的奇怪形狀的布章，這是二〇〇四年四月當火車經過龍川縣爆炸之後，上百人死亡，每個人都試圖要拯救家裡面親愛的領袖的照片，「在拯救他們的家人和財產之前。」

金正日的新聞在當地電視台無所不在，永遠是一頭捲髮（根據傳說，理髮師被殺了，因為他把金正日的髮型剪壞了），穿一樣的鞋子讓他看起來高一點，永遠的橄欖綠色外套，還有四方形的大眼鏡。金正日出席工廠開幕，主持會議，接受熱烈的歡迎，晚上，在我的夢中，我似乎在採訪金正日，我們坐在大型會議室，掛著他父親的畫像，我們談論電影和女人，這兩樣是他最愛的嗜好，當我們喝著從他一萬瓶酒窖中其中的一瓶，我想要問問題，但是我腦中一片空白。他看著我笑了，「你是不是想問甚麼？」我起床的時候，耳中還迴盪著他說的這句話。

我們參觀圖書館，那裡是上千名民眾，可以閱讀金氏家族書籍的地方。我買了金正日的書：電影藝術，基於新聞倫理我又買了他的手冊，在手冊上他批評記者，不能充分傳播偉大領袖的革命思想。我應該多買一些給大學生，那些跟我抱怨新聞專業很難學的學生。對北韓記者來說，等待他們入監的不是因為批評政府，沒有人會瘋到去做這種事，而是因為缺乏高度讚揚政府革命的熱情。

最後，朴先生和辛小姐帶我去一個種滿紅色秋海棠的花園，那叫做金正日花（Kimjongilias），以紀念金正日，另一個種滿紫色蘭花的花園叫做金日成花（Kimilsungias），以紀念金日成。只有那裡沒有用金氏家族畫像點綴，這真是政府的德政，因為親愛的領袖臉上，布滿皺紋又滿是被寵壞的神情，這樣會讓他看起來與一般人無異。

「到目前為止你覺得這趟旅行怎麼樣？」朴先生問，就在我這趟排滿與領袖有關的旅程途中。

「說實話嗎？」我回應。

「是的，當然，真相對我們韓國人來說很重要。真實就像清澈的水塘，謊言就是充滿泥沼的池塘。你只能在清澈的水塘看見真相。」

「這些行程充滿革命，讓我筋疲力盡。」「事實上我已經受夠了這麼多革命紀念物和金氏家族的畫像。你知道昨天晚上我還有夢到親愛的領袖嗎？」

朴先生發現我遊玩時的悶悶不樂，他問我有沒有可以讓我開心的方法。我跟他說我想去一般的街道，看看民眾。「好吧，我會跟辦公室講講看，我看我們能不能去。」

「晚安。」

「晚安。」

在羊角島旅館的地下室，開了一間小型賭場，平時有營業，當然是中國商人。有六個中國女人穿著醒目的紅色衣服，穿梭在二座還是三座賭檯，還有吃角子老虎機。賭場開放據說是北韓走向開放的第一步，在配給結束之後，有些貨品可以自由買賣，北韓想要建立一個特別經濟區域，以實驗中國經濟的模式。北京領導人，並不渴望見到在他的邊界旁邊，一個強大、民主又統一的韓國，因此他建議盟友採用他們曾用過的模式：共產主義沒有平等，資本主義沒有自由。但是金正日自有他的考量：如果最終我開放了國家，我的王國將會被遺棄，我可能就會像西奧賽古一樣終結，被逮捕、羞辱，被人民驅逐，被趕去那些我造成這麼多苦難的地方。我深受羅馬尼亞的西奧賽古，中國的毛澤東及蘇聯的史達林啟發，因此我的國家混合了以上的特色。另一方面，如果我開放國家，人民將會學習外面世界的一切，發現我們是世界上的賤民，發現我對於賓士車、高端的瑞士手錶，還有美酒的熱愛。最終我會落得像西奧賽古的命運。那我該怎麼辦？

當金正日下定決心，要把日曆的日期延後，封閉一九九二年，即使這一年根本沒有發生甚麼事情，人民和蘇聯的車子偶爾會出現在街上，工廠只有在工業革命的書上才會看到。我偷偷摸摸地拍了幾張賭場相片，警衛發現了。相片不是很好，但是已經好到可以下個標題：「所有在北韓的事物都是紅色。」我會想要好好保存它。被召來的警察要求檢查影片，檢查相機，把相機拿來拿去，按了幾個按鈕，最後放棄。「影片呢？」他問。我聳聳肩膀，拒絕告訴他這是一台數位相機，因為他好像從沒看過，我逮住機會保下這些相片。他還我相機然後說：「這是日本製的吧？」

在黑暗之國的又一天，辛小姐和朴先生帶我去開著餐廳的街道，這裡有極少數的餐館。我們進去其中一間，不需要因為沒有太多選擇而悲傷，事實上這間餐廳空空如也，我曾經在陽智定過位，那在中國和北韓之間的邊界，他們給我吃過一條魚，還是很新鮮的魚。那時我的導遊姓林，我吃了半條魚，那條魚仍然費解地扭動著尾巴。

「我們韓國人喜歡新鮮的魚。」林導遊說，他幾年前從北韓逃出來，從事到中國的出口貿易。

餐廳給了我們三個位置，但那是一張可以容納十人座的桌子，有六個服務員開始上菜，直到桌上都擺不下任何食物。只因政府不希望客人認為食物短缺，我的主人堅持每一樣菜都是羅馬盛宴。這頓大餐很難嚥口，如果看過這個國家的孤兒院，骯髒的孩童死於只能吃麵包邊的飢荒。過去五年的經濟災難，造成大約有一百萬到二百萬人死於饑荒，但是沒有證人。那個有一百萬到二百萬人口的地方究竟在哪？事實上沒有人知道到底有多少受難者。我們現在談論的不是在非洲看到的飢荒，電視台每天出動攝影機在那裡舉辦演唱會，歌手和明星說是為了死去的非洲人，然而就算是在蘇丹的穆斯林，他們也看過甚麼是聖誕節。不一樣！這些死於飢荒的北韓人從未見過聖誕節。只有金正日在悲劇中無所不在，腆著他巨大的肚子，又圓又滿足，繼續壓制謬論。他是在飢民之中唯一肥胖的男人。

我在金氏王國的倒數第二天。辦公室計畫安排在兩韓邊界之間旅行。四條高速公路從平壤到非軍事區，軍事區將兩個敵人分開，公路平滑地舖好。像歐洲的高速公路，除了一個小小的細節不太一樣：上面沒有車子。超過一七〇公里，我們沒有看到任何一輛車。一輛也沒有。正式地來說，只有三種方式北韓人才可以擁有自有車輛：拿奧運金牌、擔任政府高官和得到金正日的送的車作為私人禮物。北韓人的交通工具就是雙腳，用走的去任何地方，有必要的話，十公里也可以走。小朋友花五個小時走路上學，只上課二小時，然後天黑以前走回家。在這趟奇異的、彷彿世界盡頭的旅程之後，朴先生和辛小姐，還有司機，以及被稱為令人尊敬的紙廠經理，搭著全新的賓士轎車抵達板門店。這是幾十年以來象徵著兩韓邊界的地方。北韓與南韓士兵駐紮在此，被訓練遺忘另一邊的人，可能是自己的兄弟，說一樣的語言，也是國家的一部分。韓戰（一九五〇年至一九五三年）還沒有結束，因為和平協定仍舊沒有被簽署，只有停戰協定。「這是一種僵持。」為了打破沉默，我說得有點大聲。

「你意思是我們沒有打贏戰爭？」辛小姐防衛地問。

「嗯。」我試著淡化我的評論。「那是停火協定，在戰爭結束後那裡就是邊界。」

「但是我們贏了啊！」辛小姐堅持，她的臉龐緊張，語調失去一開始的甜美。「感謝偉大的領袖我們才能贏得戰爭，你怎麼可以說我們沒有贏，書上有寫啊！」

「哪一本書？」我失去耐心了。「在北韓之外，有別的書，別的世界，別種看待事情的方式。

辛小姐，不要只相信妳讀到的。」

我只和她爭論戰爭，因為我認為补先生的事業是失敗的，他相信政府宣傳的事情，加上我又無止盡地想要去看別的地方。但是我喜歡辛小姐，我相信她知道戰爭已經結束了，很難在國家活下去。她的母親也是舞者。在她的表演生涯裡去過遠東一些國家，俄國和蒙古。她總是偷偷帶回最流行的音樂，十年前退休之後，她已經沒辦法再買任何卡帶給她女兒。對辛小姐而言，她母親是唯一能帶給她外界接觸的方式，即使這樣的接觸有限，但無論如何都比她同伴的人來得多了，也許已經可以讓她懷疑這些荒謬，以及這塊她命定的土地。我們結束這段政治對話，我問她喜歡甚麼音樂。她說上次她母親帶回來的音樂是麥克傑克森的精選輯，我嘲笑她有點跟不上潮流了。

「下次你再來的時候可以帶些音樂給我嗎？」她問我。

「如果我下次可以再來，我會帶CD給妳。」

「不要CD，要卡帶。我沒有……」

「沒問題，就卡帶。」

第二次世界大戰之後，日本夢想中的帝國的瓦解，日本撤掉在韓國的駐軍。俄國利用權力的真空狀態竊占北方，美國只好在南方，匆忙地尋找能夠擁護他們影響力的地方。兩個勝利者決定分裂領土，他們選好三十八度線作為分隔的標誌。就像歐洲和亞洲，建立起兩種思考方式。一九五〇年北韓試著要入侵南韓，第一場戰爭就像北韓的競賽，幾乎就要控制整個朝鮮半島了。第二場戰爭，由麥克阿瑟將軍率領軍隊在仁川，幾乎要攻下全部的朝鮮半島。麥克阿瑟夢想著勝利，持續前往中國的大門前進，因此毛澤東決定派遣上千名士兵來拯救北韓。最後，兩敗俱傷，又將他們帶回去原處：三十八度線。我說這是一種僵持，根據辛小姐的說法，這是不能反駁的勝利，應該是兩邊都沒有得勝。最後結果是上百萬個家庭，被分隔兩邊。北韓將人民作為人質，只用一種思想教育他們，停止時鐘，抑制前進。南方在軍事強人統治之下存活，往未來前進，致力於成為現代化民主國家。當然也像別的國家一樣充滿缺陷，但絕不會像集中營一樣，沒有辦法表達任何意見。過了一段時間，兩種不同的發展模式，三十八度線已經不再是分隔兩國的標誌了，而是兩個世界。

黑暗。

光亮。

如果有人來旅行，從這邊走去另外一邊，將會是趟不可思議之旅。從北韓走過去只要五十五公尺，但彷彿走了一世紀。南韓走過去也是一樣的距離，但是時間點回到一九九二年。這個不容易從獨裁者手中逃離的世界上最神秘的國家。勞改營裡都是嘗試想要離開金氏統治的北韓人，想要，去光亮的那一端。逃去南方不是件容易的事情，因為邊界不容易通過。黃海太西邊，日本海又太東邊，靠著簡易的船也無法航行半里。唯一的出口是去北邊：進入中國，再找方法去南韓。

圖門江隨著中國和北韓的邊界，順著吉林省而下。如果你看到邊界，可以在北韓組織一個隊伍涉水過去，它不會很長。這裡也是，季節可以改變人生。結冰、融冰。溫度下降冷凍了水，河流變成銀色的毯子，越過去之後獲得自由，只要在你腳下的冰塊夠厚。當溫度回暖，水流再度出現，許多人叛逃游泳到中國。穿過圖門江這件事情很矛盾：逃離一個獨裁者，又到另一個獨裁者世界。如果你想要甩掉北韓軍隊，到了中國還是有人會發現你。北京試圖懷柔他的盟友，抓到這些北韓難民之後必定遣送回國，北韓會宣告他們有罪送入勞改營。住在中國邊界的居民都要遵守約定，中國政府說如果窩藏難民便是有罪，沒有任何人權團體被授權去營救這些北韓難民。這段路程實在太遠，會餓死，看著自己所愛的人死去，甚麼事情也無法做。最後你會發現逃出去比留下來還慘。

小金衡量了兩者最後決定離開。我在圖門江旁遇見他，是在中國這一邊，就在他從黑暗之國逃離不久之後。

因為他的體型吸引我注意到他，雖然已經13歲了，但看起來不到十歲。我也很驚訝他是一個人，因為北韓人通常會組織一個小團體，這樣才能互助。這不是一趟適合獨自出發的旅行，更何況是個孩子。金沒看過海洋，也不知道如何游泳，但是當他到達圖門江邊，在長達二十五公里的步行之後，他知道一定要穿越到彼岸。那時是九月，河水尚未結冰。他躲在樹叢裡四天，不確定到底能不能過河，也擔心會被發現。如果不趕快過河，他將會餓死，但是穿越過去，也有可能溺死。那時他決定，兩邊之間的距離大約五十公尺，在第五天的夜晚，如果再繼續拖下去就沒有時間了，他抓住一根浮木，開始踢腿向前游去。當他到達對岸，又餓又累，全身濕透。他終於逃離北韓了。

方家住在圖門江旁邊，發現金在他們家附近。當她看見他蜷曲在中國警告的標誌之下，方太太，潑了一盆水想要搖醒他，要他趕快走不要被抓到。幾公尺遠就是中國公安的難民收留中心，那裡會將難民交還給軍人。方太太把小金帶去他家。把他藏起來，刷洗他的身體，給他一天吃四次飯。

「他來的時候，你都看得到他的骨頭了。」方太太很驕傲地對我說，捏捏小金的臉龐。「現在看看他，他雖然很小隻，但已經長肉了。有時候他也會笑呢。」

方家開了一間雜貨店。有個比小金大一點的兒子，在兩年前全家跟著方先生一起搬來這裡。一開始方先生拒絕多一張嘴來吃飯，也害怕他太太的慈善行為會讓當局帶給大家麻煩。最後他不情願地同意至少讓小金可以強壯一點，再回去北韓。他剛來的第一周不太願意開口，每天就是吃跟睡。他不讓任何人碰他，幫他換衣服，或是幫他洗澡。方家不知道他從哪裡來，他流浪了多久，或是他家在哪裡。一周前，小金才願意說自己的事情，當他終於說出來後，方太太有時會感嘆地打斷他說的話：「這就是為什麼我們要幫助這些人啊！」以及「這真是個殘酷的世界。」她有點沾沾自喜地看著丈夫，滿意自己的慷慨終於得到證明。

「那我們現在該怎麼辦？」她問她的丈夫，因為她的丈夫責備她怎麼可以幫助北韓難民。「讓他們死？這些人沒有地方可以去啊。」

小金告訴方家說，他生在一個小鎮，離邊界要走兩天，小鎮上有五千人。小鎮已經飢荒了兩年，正等待配給，但是在一九九八年的冬天，情況變得很糟。政府配給變得有許多限制，之後無預警地警告，將在十二月停止供應物資。那裡沒有東西可以吃，萬物枯竭。小金確認了一些我以前讀過的事情，從一些我以前可以相信的人身上，我曾經聽過許多次。

「在我的小鎮，我們吃樹皮和草。」他告訴我。「但是人們的胃都生病了，嬰兒沒辦法消化食物。那裡甚麼都沒有，我們只能用水把樹皮軟化，讓它更好吞下去。許多人死於腹瀉和其他疾病。」

飢荒總共肆虐了三年。在小金的鎮上居民都死於飢餓，一個接著一個，沒有物資救援。在前一個冬季結束之前，一半的人都死了，另一半的人也快死。沒有熱水或電，小鎮居民想，到底是寒冷先殺死小孩，還是飢餓先殺死？

小金描述這些死去的人的模樣，每個人在街上漫遊宛如喪屍，直到昏倒在地上。當地的官員已經離開了，只確認這些人會自己去平壤尋求幫助。從此沒有人再看到他們。大人決定丟掉他們的小孩，因為這些小孩太小了，一定會先死。但這同樣成為了問題，如果小孩成為孤兒，就必須自己照顧自己。母親一開始盡可能地照顧嬰兒，不管是自己的或別人的，但如果有牛奶，她們會先給比較大的孩子。小鎮被命運遺棄了，逐漸死去。所有活動都停止了。每個人的精力都花在尋找食物，但是上一個冬天實在太難熬，零度以下的低溫，連昆蟲和動物都消失了。冰塊暫停了河水的流動，冰霜覆蓋大地，生命在眼前已經消失。

小金的爸爸幾年前死了，留下他媽媽照顧四個小孩。

「我媽盡可能地把所有可以吃的都給我們了，她告訴我，我必須活下去，才能照顧其他人。有一天她生病了，漸漸地變得虛弱到死去。」

直到夏天，才看到小鎮其他存活下來的人，他們組織了三到四個年輕人團體，這些還活下去的孩子。他們準備穿過中國的邊界，尋找食物，盡可能地回來。小金志願加入這個四人的男孩團體，年紀與他相仿。他一開始和團體一起走，但卻是唯一到達對岸的人，有一天晚上，當他們靠近邊界，他們聽到軍人的聲音，通通都跑走躲起來了。直到深夜，只有他離開。

「我想其他人應該被抓走了。」小金說。

即使官方禁止，許多在邊境旁邊的中國家庭，試著幫助這些難民，但至少給他們食物，和提供一些短暫的收留。方太太最積極。畢竟在歷史上中國曾遭遇最大的饑荒，大約在幾十年前，老一輩都還記得曾經經歷過的時期，年輕人至少聽過一個或二個故事，關於這些困苦的日子，那些老一輩被迫吃的食物，當然不是豬肉。因為飢荒，使中國現在名不虛傳地甚麼都吃，只要是四條腿的都吃，不管是蒼蠅還是蜻蜓，只要上得了桌面的都吃。飢荒使中國的菜單擴增，包括狗、老鼠、昆蟲，甚至在某些地方變成了美食。

無法想像在毛澤東大躍進時期之後的幾十年，充滿革命幻想，卻帶著他的國家，和造成大量飢荒的領導人為伍。讓金正日如此野蠻的是毛澤東，至少金正日如此相信這些神話。親愛的領袖和他軍事上的同夥，還有政府官員在平壤過著極好的日子，而且甚麼都不做。他們的政權建立在騙局之上。掙扎對抗那些出生於特權的人，之後停止了，接著去製造歷史上的第一個共產王朝。讓人民貢獻財富，提供領導人去揮霍無度，就像皇帝一樣，但是卻用馬克思主義餵養他們的人民。共產主義的教條被這幫土匪利用，國家基本上是靠國際走私武器、毒品、車子還有其他任何的事物，合法或非法都可以拿去賣。危險的意識形態，驅動著北韓菁英不可避免地走向資本主義。你可以看到他們出入平壤機場，最近抵達北京，運送彩色電視機，瓶裝的白蘭地和情色影片，帶進來所有禁止的物品，給國家裡的其他人。

方太太才四十歲，太年輕所以沒有經歷過大躍進，但她不由自主地想要幫助難民。她學著不裝懂地說著韓文，當新的人到來，她都會提供食物，熱茶或是其他泡麵。她照顧的人曾是醫生、警察、工程師和軍人，學校老師和絕望的政府官員。不過她們都是女人，方太太試著讓她們知道，妳們是唯一會被雙手歡迎的人。

在中國婦女短缺，因為幾十年的殺嬰和墮女嬰，創造了許多單身漢，非常難以找伴侶。北韓女人越過圖門江之後的選擇變得很簡單。林導遊就是之前在邊境之旅的時候，帶我去發現北韓人是如何愛吃新鮮的魚，也帶我看女性的交易。他有很棒的販賣網絡，兩邊都有。有一天，如果他存夠錢，他也想要買個老婆。他帶我去陽智一個廢棄的大樓，開車大約一小時，那裡有兩個中介人，和他似乎很熟。公寓分割成好幾個小房間，裡面有二十個女人等待買主到來。兩個男人經營這個事業，抱怨日子很難過。警察探訪越來越頻繁，上千個女性被送回北韓。之前這兩個男人還可以黃鼠狼給雞拜年，做著人口販賣的生意，付一點小錢賄賂就好，但現在會得罪入獄，或是要了他們的命。

「快進來，看看我們這裡有甚麼。」其中一人說。拉開簾子，讓幾個年輕的女性露臉，她們已經在等了。

公寓的牆上用幾個老的填充動物裝飾，還有幾張美麗的韓國女星照片。暖氣和一些毯子，幫她們保暖。他們一天吃三次，才可以增加重量，給她們一些化妝用品和衣服，看起來才不會太有侵略性，歡迎任何過來找溫順的家庭主婦的人。她們很緊張地等待別人來臨，再把她們帶走。洙雲一年前越過邊界，她來到中國的時候又餓又疲倦，不久之後她和這些男人聯絡接洽，就在中國生根。他們給她吃飯，提供她乾淨的衣服，三個禮拜之後某一天，他們把她帶去廢棄的陽智工廠，將她放入人妻市場。一個男的提供三千元人民幣，這是比五百美金還少的價錢，但她嫁了，在他的小鎮上，舉行婚禮，許多來賓參加，還有個大的接待櫃台。

「我無法拒絕，不然他們就要把我送回北韓了。」洙雲在我遇到她時這麼對我說，她仍然和她的丈夫一起生活，即將生下第一個寶寶。

她才二十三歲，但她認為這已經是最好的情況了。她感激在新中國的生活，她沒有辦法在北韓的家庭活下來。

「我的丈夫不是個壞男人。」她說。「他對我很好，反正我還能有甚麼其他選擇？」

洙雲認為自己已經很幸運了。在陽智的許多人妻買主都是老頭，有些生理上或心理上的毛病，或者是從鄉下來，沒有經濟資源或受過教育，只想著要他們的妻子伺候他們的生活。他們常害怕警察會發現他們的妻子是難民，會強迫他們退回，而且鄰居都有眼睛，可是讓女人一直待在家裡也很奇怪。另一方面，洙雲已經被他丈夫的社區接受了，因為缺乏女性會使小鎮滅絕。

北韓女性離開又被送回金氏王國的人，會活得連塵土都不如。北韓刑法第四十七條，每個逃出國家的人，都是「國家的敵人」。在其他國家和別人有關係後生下的小來，在未來也被視為敵人，他們說這將破壞北韓社會的純度。這幾年，人權無國界組織蒐集這些被送回北韓的女性證詞，她們幾年之後試著逃離到南韓，說出她們的故事。她們都說出一樣的野蠻的故事：囚犯被強迫殺掉獄友的小孩，避免被折磨，新生兒被放在塑膠袋，被剪下臍帶，其他小孩被吊在監獄廣場直到死亡。再一次我相信這世界上有惡魔存在，幾近變態了。只有從這些女性得到相同的證詞，不停重複，她們都不認識對方，才能讓我信服。因為意識形態作祟，這樣的惡魔，將會存在於腐敗的社會，就像在北韓一樣。

小金在方太太的照顧下慢慢復原。他的皮膚變得粉紅，再度有了生氣，他的眼睛閃亮，腿變得強壯，已經不需要別人攙扶。是時候他應該和自己的兄弟姊妹團聚，那在北韓鄉村等待兄弟姊妹。小金在中國很開心，他從未想像過可以過著吃飽的日子，但是他還是覺得有些不安。他想要盡快離開，然後帶食物回去他的小鎮，拯救他所愛的人。他擔心如果有任何延誤，沒有人可以活下去。方家問他要不要再留下來幾天，直到他能夠伸展背部。即使方先生喜歡有這小男孩的陪伴，也接受了他的存在，也許會有風險，警察會來找麻煩，但是小金堅持要回去北韓，所以方太太為他準備所有的東西。他買了兩個背包，裝滿所有的東西，可以幫助北韓鄰居。他們必須準備一些不會太重的東西，但是可以讓大家都活下，泡麵、糖、乾果、麵粉和沖泡牛奶。還有一個問題：他要如何回去北韓？

要回去世界上最封閉的國家並不容易，躲避地球上最會鎮壓的軍人，回到這時代最殘暴的獨裁政府。溫度已經下降，不過氣溫沒低到可以結冰，但已經可以讓水夠冷了，因此越過河水變得更困難。他們想，或許可以湊合著弄艘小竹筏，但隨即丟棄這個主意：水流將會把他們帶往下游，軍人很容易發現他們。方太太聽過有些地方的水今年曾急速上升，水深及膝。

「你可以用走的過河。」她說。「但還是有軍人會緊盯著。」

小金最擔憂邊界警察抓到他，然後把所有東西搶走。非政府組織控訴金正日，將人道救援的食物給他的軍隊，好讓他們保持忠誠，即使他們已經有足夠的東西吃了，不過食物對他們來說還是能特別引起興趣，因為可以拿去黑市賣。軍人不會猶豫保有這些東西，然後把小金送去勞改營。離開幾周後空手回家，代表著失敗和羞辱。

到了必須離開的那一天，大家都同意小金只能在晚上走，白天躲起來，如果他看到軍人，他就要趕快回去方家。即使曾經待過北韓，但是要盡快立刻離開邊界，到達第一個小鎮去尋求幫助。為了他的旅途，其他的女人也拿了一些禮物給方太太，我們陪著他到了河岸，鄰居告訴他應該去找的路，還有河水比較淺的地方。小金把包包掛在背上，開始行走。慢慢地他消失在遠方，往黑暗之國更深的地方走去，直到消失。我永遠不知道到底他有沒有成功，如果成功了，他可能是唯一可以拯救小鎮的人。三年後輪到我進入北韓，這趟旅程幫助我了解，噩夢可能每晚襲擊小金，還有其他像小金一樣的北韓人，試著逃離他們的國家。

卞先生和辛小姐希望我在北韓，可以有個十分難忘的最後一天。他們有了好消息。我希望可以去看「一般街道」已經被辦公室同意了，所以我們驅車前往不倫不類的大道，走下車。他們說我不可以拍照。

「他們告訴我們，在飯店旅館曾發生過小事情。」朴先生很溫柔地提醒我。「我們希望這不要再發生。你可以在建築物裡面拍照，但是不要拍人。我們北韓人不喜歡照相。」

我們走到一個悲傷的街道，人們有打扮過，但也是悲傷的色調，在街道邊做著悲傷的生意，沒有東西可以賣，沒有東西可以買。屠夫有個小冰箱只有幾片小牛的肉，等著幾個幸運的靈魂。人們走回去，有得往前，沒有笑聲和微笑，只有一成不變的樣子。有些小朋友被嚇到，因為頭一次看到西方人的大鼻子和白皮膚，嚇得躲回媽媽的懷抱。有些行人經過我身邊，還嚇到吐，因為我的存在是對革命的污辱，辛小姐和藹地轉譯這些舉動是「友善北韓人民」的歡迎。如果我回去了，我會記得帶流行音樂給辛小姐，這趟旅程她對我很好。我想過如果她真的知道她住在甚麼樣的地方，日子將會過得很艱難。

晚上他們為我準備一頓特別的餐點，比之前的還要道地，可是很難下嚥。第三次辛小姐穿上傳統韓服，朴先生打上領帶。朴司機也加入我們。甜點來了，導遊朴先生，利用同伴的一時分心，問我一個問題，這問題困擾他多年，但都沒有機會問。他等到最後一夜才有機會問我。

「南方的人到底過得如何？」

這問題讓我感到不安，我們都知道過去這些日子，我們都是演員，他扮演他的角色，我知道朴先生一定會問，就算只有一下子，我們彼此脫下面具，誠實一點吧。他是不是也有可能知道我的身分呢？

「另一邊的人，」我告訴他，「只要他們想要，就能自由地進出國家。那裡也有窮人，但是沒有人會餓死，在冬天暖氣會運轉。沒有人害怕政府，反而是政府害怕人民。因為選民不喜歡他們做事的方式，政客會被選民炒魷魚。南韓的產品遍布全球。電視、車子和遊艇，都賣往美國和歐洲。它是個現代國家，當然也是個自由國家……」。

朴先生沉默了。他沒有再問更多的問題，我們簡短的真心話大冒險結束了。

隔天他們陪我去機場。朴先生說，「我希望你對我們國家不要有錯誤印象。」辛小姐說，「是的，我們希望你對我們國家有好印象。」他們異口同聲說：「歡迎再回來。」我等著我的飛機，從平壤——順安的跑道上起飛，當我從窗戶往外看，我看見我倒映在窗戶上的臉，在航站看著更多偉大領袖的照片。我如釋重負地嘆口氣，終於沒有看見金氏家族的他和他的兒子。或許這對我來說十分容易。來一個地方四處看看，不久之後離開。但對於這些留下來的人卻如此不同，同樣的世界分成光明面和陰暗面，夢想隨著季節改變，自由的道路宛如冰凍的河面，北韓人民活在人權被壓迫的最黑暗角落，如此絕望又驚恐地繼續一起活著。

图们江边

超君

楊偉奇和朱麗這輩子唯一翻身的機會，就是生下一個女兒。根據中國的一胎化政策，他們不會再有其他孩子了。上海的長海醫院醫生，親手將新生兒遞給他們，將女兒接過來的臉上，一副有女萬事足的表情。醫生說：「別煩惱，也許政府未來會讓你們再生，就會有兒子了。」然而楊偉奇看了女兒一眼，就足以讓他拋棄百年來重男輕女的傳統。他不會願意拿女兒去交換世界上的任何東西。

「她會比男人還好。」他說。

女孩被命名為：超君。意思是比男人還好。

這對夫妻在山東省的青島相遇，他是工程技師，做助理的時候，這份工作奪走了他的右手食指；她是電子工廠的會計。在一九九三年他們結婚了，決定搬去新中國的夢想之都——上海。想要爬上社會的階梯，成為蓬勃發展的中產階級，他們開始將希望寄託在這個有著一雙大眼，但眼神緊張的小小女孩身上。他們想要給她自己未曾有過的人生。只為她而工作，投入所有的積蓄在她的教育上。楊先生無微不至地照顧超君，因為他不會有兒子，他決定實現曾對女兒許下名字的願望——她應該比男人更好，即使知道必須去做兩份工以實現夢想。實現夢想做甚麼？他沒有概念。成功還是很遙遠，那是對他而言無法到達的地方，但是他希望自己的女兒能夠到達。他決定讓音樂帶她到達能夠成功的地方。

古典音樂是六〇年代或七〇年代，因毛澤東文化大革命被廢止的犧牲者，如同其他文物，它被禁止，誰彈奏就會被紅衛兵迫害。保守人士禁止這項活動，樂器被燒毀。知道如何演奏樂器的人，必須將這項才能隱藏，才能避免被公開羞辱和懲罰。偉大舵手死去後，隨著經濟開放，音樂重回中國人的生活，短短時間之內，它成為上百萬父母為小孩尋求成功的活動，那是唯一的機會。

這些日子，上千個家庭搬到北京和上海，準備賭上一切進入音樂學校。在入學考試的那一天，你可以看到父母親排隊，試著獲得每一年限量的入學名額，如果他們的小孩被拒絕入學的話，便花費所有的積蓄想要去賄賂，當然也會失敗痛哭離去。變成鋼琴家並不是功成名就的保證，如同成為運動選手不一定會贏得奧運金牌一樣，但是它保證會有一個安逸的未來以及對家庭的尊重。就算是父母唯一的兒子，也會因彈鋼琴彈到手痛，甚至無法繼續坐著，這些都不重要。在中國，夢想需要加倍的努力才能實現。或許只是因為頑固的法律禁止生育過多小孩，使這個唯一的孩子，必須無法努力在幾百萬人中脫穎而出。父母將鋼琴視為地位的跳板，這完全是一種階級意識（如果曾在上流社會失勢體會更深）。

孩子的志向比不上父母親的夢想，因為父母親在過去的時候，也都被輕易地剝奪了，在中國，懲罰個人擁有野心，因為這會被認為是自私自利的證據以及個人主義。

楊先生一開始嘗試小提琴。他買了一把給他的女兒，作為四歲的生日禮物，之後讓她去上了第一堂課。超君練習了幾個月，最後放棄了，因為拉琴的姿勢，讓她的脖子疼痛。她的父親沒有放棄，他花了所有的積蓄，從家族和朋友那邊借了大概一千美金，買了一架用過的二手鋼琴，琴音蕭瑟，琴身被蟲蛀過，這架琴可能因為躲過毛澤東信徒，而沒被燒掉，用著剩下的錢全部拿來上課，他請了上海音樂學校最好的老師，林老師。林老師向他的父母保證她的天分。「彈得很棒，超君。」他謝絕了付給他的學費，他知道楊家無法負擔每小時四十美金的課。後來，在她的課餘時間，超君不斷練習直到筋疲力盡，只有在床上才沒有做任何一點與音樂有關的事物。

回顧過去這四年來的家財散盡，楊先生相信這一切都十分值得。超君，一個九歲的女孩，已經是小明星了。當我第一次在二〇〇四年春天聽到她演奏的曲子，她是中國福利會少年宮的學生，這棟座落在上海延安西路上的殖民式建築，由國父孫中山的遺孀宋慶齡在一九五三年成立。這個中心，一開始是為了教育貧窮的孩子，但過了一段時間變成新中國菁英，送他們小孩來學音樂、書法、繪畫或戲劇的地方。中國一胎化政策在這十幾年，為了避免多產出四億的中國人口，以流產或殺嬰的方式對待將近一千萬名的女嬰，野蠻地在中國家庭裡傳遞這種概念。東岸的上海或其他富裕的城市，法律創造了嬌貴的世代，小皇帝們甚麼都還不會，就被父母寵壞了，但仍然必須試著達成父母的期望。

小小的芭蕾舞者準備好在少年宮上課了，伸展身體如同白色的天鵝，轉身回來時抬起手臂，她們的雙腳敏捷地在地板上跳動。午後的陽光透過窗戶流曳進來，好像母親在追逐小孩，陽光滑順了馬尾，調整了上課的服裝。過胖的孩童在中國十分少見，只有幾年前，在隔壁吹奏長號的人。我聽見背景音樂是合唱班正在唱歌，一共有五十五個小孩在唱詠嘆調，歡迎來自美國的訪客。在遠處依稀聽見鋼琴的聲音，跟著三樓的標示，我看見超君坐在鋼琴前面。她的手指在鍵盤上輕快地滑過，每一個移動都是獨立的，停在這個鍵上或另外一個鍵上，準確地像是機器人。她的眼睛閉著，不需要樂譜，超君已經演奏過許多次巴哈的第二前奏曲。

「我最喜歡這首曲子。」她說，手仍然在琴上滑動。

他的爸爸，楊偉奇站在身旁，安靜地欣賞，彷彿第一次聽一樣。他有著典型中國農民的臉。多年在外工作臉已滿布風霜，以及被太陽曬出黝黑的皮膚，即使在城市多年，仍保持友善的、屬於鄉下人的禮貌。即使少年宮已經變成一個屬於菁英的地方，學校仍然接受來自貧苦家庭的小孩，特別是有特殊才能，且允許給予他們半價的學費。今天下午超君有表演，她在這裡先準備練習。有一些官員會出席下午的表演，所以對於楊家來說，這是非常重要的演出。超君在上海音樂學院已經得到鋼琴十級的程度，雖然只有八歲，是中國最年輕的職業音樂家。二〇〇一年她贏得第一個國家比賽，從此之後在澳洲、奧地利、南韓、香港和巴黎，都曾經跟著上海市長的官方代表團，出去訪問過，那是為了二〇一〇年上海中辦世界博覽會。「我在來自八十八個國家，三百多人前面彈鋼琴，那真是我的大日子。」超君說，回想起在巴黎，環繞四周的演奏會盛況。有一些電視報導和報紙新聞寫道：「從上海來的神童」，讓她在文化圈開始小有名氣，她似乎已經開始接受這些，將成為命運中的一部分。當地共黨的高階官員，給予她政府的榮譽，將她作為教育系統的展示品，也是新中國的象徵。上海戲院的大門已經為超君打開，即使其他小女生都還在玩洋娃娃。

這些看起來似乎就可以稱之為成功了——這當是有可能的事情，對一個家而言，十一年前，從鄉村千里迢迢舉家到上海。充滿機會的城市活化了這個傳說，至少對他們來說，楊先生每天都很感激曾經有過勇氣，願意選擇新生活，這些可能幫助他女兒變成「比男人更好的」地方。如果順利的話，超君將完成這段漫長之旅，實現三代女性的夢想。

她的祖母，潘淑良，是第一代。她讓她的孩子在人生中有個好的開始，即使來自青島的貧困鄉村，那裡沒有選舉也沒有自來水。她在青島遇見了解放軍的軍官，也是未來的先生。那時的中國是個崩壞的、分割的帝國，充斥著貧窮與無知，但是一百年前在當時世界上，還是最先進文明的國家，擁有長達千年的文化。當毛澤東一九四九年征服北京，帶來一片混亂與內戰，最後潘淑良與中國其他人一樣，一起慶祝最後的結局。偉大的舵手再次帶給中國榮耀。他統一了國家，治癒了國家被羞辱的創傷，那是從十九世紀中期開始，由英國引入，接著日本佔領之後，傷口完全地潰爛，但最後由共產黨贏得勝利。毛澤東幫助中國人能抬頭挺胸走路，但是他奪走了他們的自由，獨裁統治他們的生活，將人民逼入了充滿陰影的世界。在國家的領袖的精神分裂症下，飢荒侵襲中國。超君的祖母在最艱難的那幾年活了下來，在國營的紡織廠上班，一個月十美金，她們家沒有被送入人民公社，因為祖父是軍人。

朱麗是第二代女性，高中畢業後，在改革開放剛開始那幾年，進入青島的電子工廠。不久之後，工廠和在世界的洪流「中國製造」下，生產大量貨品。那時候，全世界還沒有意識到中國已經覺醒，大部分的中國人不確定人生將怎麼走，以及會如何改變。共產主義給予了交換自由的等值物品，那就是西方的資本主義。中國在一九七八年進行改革開放，嘗試新的作法：共產主義沒有平等，資本主義沒有自由。一開始很明顯地在政治上持續壓迫，新經濟的自由不會給予每個人。國家將會分裂，一邊是那些已經爬上行進中火車的人，一邊是錯過火車的人。當然結果很明顯，無論怎樣都比毛澤東時期的中國，擁有更多的社會自由，不容爭辯地更為繁榮。

朱麗一天工作十二小時，一周七天，隔年，寄錢回家，直到遇見將成為她先生的工程技師，他們墜入愛河，跟著他一起到上海冒險。「我是家裡第一個離開青島的人。」朱麗回憶著。「當我到上海，我不敢相信我所見到的，太神奇了。所有街上的人、大樓還有車。」

現在輪到超君了。這趟三代女性的旅程，分屬不同的時期，最後，她將抵達終點。對另外兩個中國女人來說，只有超君可以不需要財富和人情關係，就能得到人生想要的事物，跑到最後的終點。

「我媽和我，從不敢去想像獲得超君曾有的機會。」朱麗幫我倒茶時候說。她家在新的購物中心旁，南京路上一間小巧的房子。「然而回頭看看，我們只是試著活下去。我們想不到其他更大的事情。然而在超君眼前，已經有全世界了。」

超君在旁彈琴，邊點著頭。她正在彈蕭邦的第三號敘事曲。她的身體搖動，隨著記號擺動，她閉上眼睛享受著這段時間。

「她永遠都有著極高的活動力。」她媽媽說。「只有鋼琴能讓她安安靜靜。」

「有一天，我可以變成郎朗。」超君停下來，指著那個年輕的中國鋼琴家，曾經在卡內基演奏廳表演處女秀，二〇〇一年，郎朗讓全世界驚豔。

「我要成為鋼琴家！」

「替我們的客人彈彈別的吧。」當朱麗端上新的茶和餅乾，楊先生說。

「你想再聽一點蕭邦嗎？」超君問。肩膀上的辮子晃著，她的手指在鍵盤上飛舞。我的音樂知識淺薄，所以我不知道誰是郎朗，或者是其他人，但是當她彈完一個段落，我問她彈琴時的感覺，她的回答讓我覺得有點受挫。

「喔，我沒有任何感覺。我只是彈。」

很難再找到比中國人更有決心的人了，或者是更願意付出，以獲得一個好的人生。沒有人可以給他們任何東西，但是中國人活在這塊充滿機會的土地，該是輪到他們的時候了。不像是柬埔寨或菲律賓，中國試著打破這種貧窮的沉悶，堅定不移地朝著未來走去。曾經有一段時間，人口販子將大量的中國人移往歐洲、澳洲或者是美國，只為了尋找更好的日子，四散各地。現在，人口販子已經沒有生意可以做了。在中國已經有無限的機會，為什麼要離開？這是在人類歷史上，發展最迅速的國家，上百萬人脫離貧窮，改革開放後的三十年，即使有百萬農民仍處於被壓迫的階段，但事實上中國已經覺醒了，在嘗試這麼多失敗之後。

饑荒與戰爭已經是過去的事了。中國被世界列強壓著走已經是很久以前的事情了。現在全世界的領袖，排隊等著變成新皇帝的觀眾。殖民主義的羞辱，早已不復存在：現在的情況是中國去入侵和征服其他區域，例如西藏。中國領導人也早已不相信槍桿子出政權這個道理。現在是經濟！笨蛋！這讓中國可以成為世界上最值得一試的地方。在這些領導人的心中，有個無法動搖的信念，雖然有時候沒時間去細想：個人應該為集體服務。

這個信念驅動著亞洲的社會，尤有甚者，在歷史的軌跡上都能一一發現。這是「亞洲價值觀」，很多獨裁者所利用這個觀念，掌權以及迫害人民。幾世紀以來，獨裁主義在亞洲，被認為是自然的狀態。有些西方人認為，民主不可能在中國發生，因為那裡的人並不想要，就算有民主，也還沒準備好，即使渴望自由，擁有表達個人意志的能力，但是選擇領導國家的人，也是根據皮膚的顏色，或是出生地。我發現這些答案，往往出人意表地從一些外交官或記者口中冒出，這些人都住在北京，在亞洲之旅的中心，無論是在亞洲外部還是內部，離開原本的世界去學習其他事物，似乎是件有點遙遠的選擇，而且奇怪的是，我們可以輕易發現這些選擇的方式非常雷同。事實上，有些人相信人權適合某些地方，但是中國比起其他地方來說，比較適合旅遊而不是留下。

也許這是我個人對於亞洲為了成大我而犧牲小我的想像，這也是為什麼我會一直來長江地區。這是很奇怪的感覺，我拜訪一些很快就會一塊消失的地方。政府劃下紅線，將鄉村與都市分隔，標示房屋、寺廟、學校、餐廳和街道，當三峽大壩蓋好，這些都會消失。酆都市標記淹沒線：一五七・八公尺深。許多家庭在碼頭河岸邊等待船隻，把他們載走，開始一個新的人生。政府說他們將會被搬遷，就像搬家具一樣。幸運的人會獲得蓋在河邊的房子，那在新酆都市比較高的地方，其他人會被送到當局為他們設計的地方。他們不會抱怨，因為他們不想去住內蒙古。

從何時開始獨裁主義變成一個選項？

有些城市的人花了幾天，用挖土機挖掘出祖先的骸骨。老祖宗對中國很重要：他們是你的一部份，你必須照顧他們，看護著他們的來世。你不能拋下你的祖祖祖父。在碼頭上，這裡離老城區只有幾里遠，但是這趟短暫的旅程可以帶你回顧幾百年的歷史，那是另一個中國。酆都在這裡已經安靜地待了二千三百年。現在即將消失了，祖祖祖父以及全部，都消失了。

不知名的餐廳坐著大約十二個人，吃著炒麵、豬肉和米飯。他們挪了挪位置，邀請我加入。中國食物不適合給單獨的旅客，每盤菜份量很多，又都坐圓桌——所有的事情都是為了分享。我們討論三峽大壩，他們說這是一個絕妙的點子，政府不可能有錯，他們所作所為都是為了大家的福利。他們不管是對新來的人，對外國人——甚至是最糟的記者，都在意見上表達一致。

從何時開始獨裁主義變成一個選項？

江太太，個頭小但豐滿的女性，有著玫瑰色的臉頰，走了過來。

「我們必須結束營業。」她就事論事地說道。「這就是人生啊。」

江太太把我介紹給她女兒，詢問我是否可以跟她女兒談談歐洲。她未婚，煮得一手好菜，我彷彿不用擔心如何籌備婚禮，就算是在明天很趕地要舉辦婚禮，她也可能一瞬間就準備好了。她指了一下掛在牆上的毛澤東畫像，偉大舵手的愚蠢圖畫，旁邊還有一顆愛心，在木框的玻璃上。

「毛主席，毛主席，毛主席。」當在餐廳的人看見我在看毛主席的畫像，大家都歌頌了起來。

江太太爬上椅子，把畫像拿下來，把它給我。她知道餐廳的日子所剩不多，就如她所知的一切，她決定拯救她的女兒和毛主席。我告訴她我只能把毛主席畫像帶走，她就笑了。

「你現在說的是我們的太陽。」她說，原諒了我的無禮。

我不知道該拿這幅畫怎麼辦。我喜歡這個禮物，但是我無法看著這個獨裁者的樣貌，他有著愚蠢的、狂喜的微笑，不分日夜地掛在我的牆上。我常批評那些在香港和北京買鑰匙圈、指環和明信片有毛澤東畫像的人。我說這是一種對於泰迪熊威權的症狀，就像那種對於強人的喜愛，像是喜歡一個有脾氣但是可愛的爺爺一樣。我把畫像放在櫃子，一起跟著其他旅行的紀念品放著：老舊的俄國相機和我在賈拉拉巴德買的腳架，有著陽具形狀鼻子的面具，那是不丹人掛在門外嚇退惡靈的東西，還有我在平壤買的金正日寫的電影的藝術（On the Art of the Cinema）。

三峽大壩被視為毛澤東的成就，偉大程度僅次於長城。即使這麼多年過去，很多人懷疑大壩的損害會多過它帶來的利益。共產黨說這對於國家至為重要，是中國民族最偉大的成就。這項工作的確令人刮目相看。超過二千名苦工就像工蟻一樣，在一八五公尺高的牆上工作。「為國家辛勤工作」巨大的標語在在山坡上聳立。「為三峽大壩感到驕傲」另一個標語說。中國領導人總想要治理長江，早在一九二〇年，國民黨領袖孫中山，也曾經夢想建立一個巨大的擋土牆。一九五六年毛澤東寫過一首詩，宣示「更立西江石壁」。幾年過後，季風帶來夏季的暴風雨，洪水橫流，上千位民眾死去。所以江水一定要被遏制和管理。沒有比中國更大的國家，沒有比共產黨更有權力的政黨——甚至是長江，水可載舟亦可覆舟。

一九九二年，當北京的獨裁者決定蓋大壩，他們打了一億五千根釘子：八千年以來，這些人的祖先開始定居於此，在河岸邊生根落地。我之前研究關於這個計畫的影響後續，大壩的人造湖可以延伸超過六百公里，吞噬十三座城市，一四〇座農村和一三五二座小村莊。歷史忘記計算中國領導人，究竟要求人民為共同利益犧牲了幾次。領導人很少加入犧牲的行列，只是遠遠地看著人民陷入苦難——但是這些都是枝微末節的小事，只是證明老天從未打算讓所有小孩生來平等。他們將一億五千萬人從國家的這一端，開始洗牌。每個鄉村都有相同的故事。警察來了，做記號說水將會到達何處，要求人民為了祖國，放棄原本的命運。每個人都想搶救一些東西。江太太想要救毛主席和她的女兒。夏先生想要保存長江淹沒之後的回憶。

夏先生住在四川省雲陽縣，他們的村子沒有紅線可以指出哪裡將會被上升的河水所淹沒。沒有任何東西——房子、學校、寺廟或是任何活著的東西，還會出現在水面之上。輪到他們要搬走的時候，張芸荃，他的太太，和其他六三五個鄰居跟著政府的指令，在重慶市的碼頭那邊集合，帶著所有的家當。邊哭邊爬上老舊的蒸汽船，很快地起錨，船緩慢地移動，夏先生敏感地意識到船越開越遠，離開那個他們曾經踢足球的地方，在某棵樹下的第一次初吻，結婚的餐廳，某個他的女兒踏出第一步的地方……

船開往中國的心臟，遠離三峽，瞿塘峽，巫峽，西陵峽，那存在於畫家筆下，常常描繪的中國式山水詩畫，旁邊配上詩詞。船從長江往下，直到上海。雲陽縣的居民將會在一個小島上落腳，崇明島，那在長江口，政府保證他們將會開始一個「又新又好」的生活。在漫長的旅程後，夏先生抵達終點，在不知名地區的中央，找到一個沒有家具，沒有燈光的房子。他們的鄰居分散到十五個省份，政府只想避免大規模的抗議。夏先生被空洞感吞噬，絲毫沒有微光能令人企盼。他們想要回家。回家之前，那令人眼花撩亂的上海：新中國已經開始成形。城市的崛起，代表未來生活的風景，浦東的金融區像科幻電影，摩天大樓穿過污染的雲層，高速公路穿過城市，天藍色的燈照耀著道路；開著BMW，隔著深色的窗戶，二奶坐在他們腿上，這就是毛澤東平等社會的美夢。上海和這裡的居民都不太一樣，夏先生只想要盡快離開，他的內心沒有衝突，甚至對夏家而言，這是一個夢想終結的地方。

自從我上次見到超君之後，轉眼又過了幾年，但是楊家在上海的房子還是很容易找到：我跟隨著窗戶飄出、流竄到街上的琴聲，就像從少年宮那天我聽見的音樂一樣。全家已經搬離了那間曾請我喝過茶，在春天的下午聽超君彈琴的地方。楊家搬去另一個在晉安路上的老房子，這個鄰街區慢慢地被購物中心和新建築包圍，那裡有兩個中國，舊與新，在一公里之內共存。在南京路的一邊，最大的展示窗戶在廣場六六號購物中心，販賣最新的香奈兒和路易斯威登款式。另一方面，從巷子往下走，只有一百公尺遠，楊家和他們的鄰居住在小的房子，沒有抱怨，等待驅逐通知，因為這裡不可避免地將被夷為平地，讓出空間可以蓋新的公寓大樓和購物中心。

從何時開始獨裁主義變成一個選項？

對崛起的中產階級來說，老舊的事物代表貧窮，國家決定洗去過去——老舊和貧窮。沒有空間允許感傷。中國鼓勵人們崇拜新事物，當他們看著經濟發展和漠視損失造成瞬間重生，這將彌補失去的時間：巨大的新城市，裡面有許多靈魂像水泥做的，人民永遠看不到太陽，因為太陽躲在被汙染的雲層後，社會崇尚金錢這個新興宗教，任何事情都不再重要。儒家尊重階級倫理，在新中國轉變成有權勢的人，就踩在弱勢的身上，有一天中國人會看看自己，想想他們在過去是否操之過急，汲汲營營於他們理應得到的未來。同時，頑固的居民拒絕被鄰區驅逐，最有可能真實的情況是由官員貪腐的黨團總部召見他們：來，讓我們來談談你的情況，我們願意幫助你。當他們回家的時候就會發現家變成一堆瓦礫。他們存活的地方被拆除了。

楊家的新家只有十二坪，但硬是挪了個地方讓超君可以放鋼琴。如果他們丟下鋼琴，他們就等於放棄了夢想。有錢的商人決定贊助這個小女孩，幫他們付房租。每個月他會提供一點錢，讓超君可以繼續上課。這個小神童已經十二歲了。她持續彈琴，在中國四處開演奏會，有時會出國表演。小女生的表演有時沒有收費，通往成功的路上，負擔旅費這件事，變得有些艱難，但是持續的旅行可以在比賽中進行，也可以上學時進行。楊偉奇靠一個月一二〇元美金的退休金養家。他的太太朱麗忙著打工，這三年如果要見到彼此，有點困難，現在他們有點害怕超君的未來。「退休金無法負擔足夠的錢，而我沒有工作。如果超君希望更上一層樓的話，我們需要錢。除此之外，誰知道未來她會變成甚麼樣？」朱麗說。

這些疑問開始啃食著楊家人的心。超君仍舊是優秀的鋼琴家，但她是否可以好到回應父母的犧牲？這也許說得太早，但是楊先生的期待越來越大，這不再只是她的女兒比男人好的問題。他們希望她可以成為一個明星，所以夢想仍然是不能承受之重。名利、車子、房子和中產階級的躍起，都有可能一瞬間失敗。當我問她在過去這幾年覺得最大的成就是甚麼，超君提醒了我關於她二〇〇三年的演奏會，有觀眾的鼓勵，還有政治家出席。「那一天，我知道我想變成鋼琴家。」她說。楊家仍然相信為了實現她的夢想，女孩一定要出國，中國音樂家都必須到最遠的地方去完成學業。他們請求我如果知道哪裡有獎學金告訴他們，最好是歐洲的音樂學校。「如果我們有錢。」朱麗說。「我們不想超君成功是為了讓我們有錢，我們想要她有錢，而且有屬於自己的未來。但是我們始終相信有一天她會變成一個偉大的鋼琴家，她必須回報她父母為了她所做的一切犧牲。」

沒有人可以知道，超君最後是否會變成音樂家。在她剛開始學琴的那幾年，她囫圇吞棗了老師的教導，不停精準地練習。她可以練習好幾個小時。她從來不抱怨。現在她的技巧很完美，應該將音樂的層次提升，但是住在中國，無法進步。小提琴家艾薩克・斯特恩曾經在一九七九年訪問過中國，被政府當局邀請去振興音樂。當他回到中國幾年以後，他發現那些在上海音樂學院遇見過的神童，讓他印象深刻的小孩，已經不再進步了。小中國音樂家到了某些年紀後，他們就無法再往前。

短暫地與超君會面後，在鄭全的北京小提琴製造工作室我得到解答。鄭全他曾經在文革時期受到迫害，之後存活下來，成為世界上優秀的製琴師。鄭全向我解釋中國的教育專注在技巧和練習，但是不願意發展自然的想像力、即興力和創造力。也害怕發展獨立的心智，共產黨加劇這種機械化，政黨要掌控權力，畢竟黨要控制人民的思考，人民只能像綿羊一樣乖乖遵守。中國現在蓋十二座大禮堂，製造出比全世界的總和還多的鋼琴，有超過二千名像超君一樣的學生，想變成明星。也許只有幾個人可以成功，他們的成功毫無疑問是與生俱來的精湛才藝，不像中國其他歷史上的人，他們的成就，來自於一胎化的法律，讓這個世代能夠擁抱音樂。其他人都發生甚麼事了呢？不說那些奉獻的時間，那些曾有過的犧牲呢？

「我們中國人不常在公開場合表達我們的情感。」鄭全告訴我。「如果音樂不能表達感情，還有甚麼其他方式能夠表達？」

那天她在晉安彈奏給我聽時，我問超君她對鋼琴有何感受。「我沒有感覺，我只是彈。」她這麼告訴我。鄭全告訴我發生在超君身上的事情，就如同斯特恩在音樂學校裡看過的其他學生，在中國的體制裡困住。但如果多一點時間讓她們透過音樂表達感情，他們仍然無法做到，可能是因為她們已經被訓練要克制，不要有過多的想法冒險。她們沒有被教導要隨著音樂感受。但我想這些年輕音樂家，也許只是缺乏某些實質的創造力，去變成藝術家和真正的人。

沒有自由。

我相信在中國人的辛勤工作以及企業家性格，代表國家將會變成一個富裕的地方，也許它步履蹣跚被被權力沖昏頭的領導人所困住。但是一五七位皇帝，國民黨領導人孫中山和蔣介石，甚至是毛澤東，和過去無異，只是另一個天子，就只是第一五八號皇帝罷了——他們不過就是想要比他們的人民更有錢、有權。他們相信他們屬於一個優勝劣敗的競賽，君權神授。新的領導人沒有甚麼不同。他們要求人民去崇拜偉大，但是否定他們的自由，自由可能會發展創造力、人性和獨立，這些是絕對有可能的事情。共產主義沒有平等，資本主義沒有自由。中國發展得越壯觀，但是它建立的司法體系卻是失敗的，沒有健全的憲法、開放的公民社會，或者是經濟發展方式，能給予人民一樣平等的機會。

當國家只會模仿，就無法達到偉大的境界，只有當他被模仿的時候才有可能。國家要偉大，必須能夠啟發別人。國家的偉大，只存在於建造一個充滿思考的社會，發展獨立自主的精神，它的歷史是奠基於真實和人民的權力。偉大是必須容許政治上不同意見者，這些人卻可能會被醫生描述成「宗教狂熱」和「過分熱衷國外事務」。畢竟，沒有人願意把人民逼瘋吧？偉大是必須容許西藏的存在，容忍它的文化，不要對天安門廣場上，沒有武裝的學生施暴。偉大是必須不摧毀幾百萬人的夢想，不逼迫他們為共同利益犧牲只是為了宣揚領導者，那所謂的第二道長城，三峽大壩。

中國共產黨領導人承諾創造世界上最公平的國家，但可能卻已經創造了最不公平的國家。他們的暴政已經吞噬了社會，而且將它變成毒藥。獨裁主義影響許多地方，即使不像北韓那個極端例子。事實上，常有看不見的惡魔在突襲訪客。人民長期被監視，沒有人知道誰在看，匿名者加深了這種不信任。人們擴張了恐懼，因為威脅無所不在，大家都被監視。過不久，沒有人相信任何人—有時甚至是朋友。他們提防所有的事情和所有的人。每個人互相看著。人們傾向帶著保護色過日子，自私開始增長，每個人都為了自己。社會就像被下藥了一樣，毒藥滋養了政權，讓它繼續活下去。當我們拜訪這些國家，我們知道缺乏自由，但是我們只看到表面的獨裁主義的意義。你處身於這個國家，你只看到表面，你無法穿透到核心去發現其中的腐爛。

我想去了解反社會的獨裁主義的程度，因此訪問靠近福建省的小村莊「常樂」。那是二千年的六月，在杜瓦的英國港口發現五十八具中國移民的屍體。當船嘗試開往歐洲，英國攔下貨櫃。雖然中國已經是機會之地，有些年輕人仍然相信自己的未來在歐洲，美國或是澳洲。在某些村子，百分之八十的居民都已經移民。在滄沙有三百人，那一天全村擺滿屍體，我遇到那些在杜瓦消失家人的家庭，香港報紙公開這些母親傷心的照片。那時他們看著兒子女兒跟著卡車離開，有人答應船上會有布保暖，卡車上有空調也有食物。幾周之後，有些在黑暗中的移民，置身在擁擠的十三公尺貨櫃中，沒有食物，直到到達荷蘭。他們抱著雙腳蜷曲直到沒有氧氣。

當我到達滄沙，有個母親很傷心，看起來很嚴肅，有些則在笑，我想要訪問她們，她們堅持沒有小孩去英國，沒有人違反祖國的法律。我走出去，一個標語提醒我：背叛祖國是危險且非法。我不懂，在幾小時之前，同樣的人還在哭泣，鬱鬱寡歡，但是現在好像變成別人一樣。我離開的時候鄰居偷偷跟我說，警察已經來過了。

在幾小時之前當局拜訪滄沙，下令人們不可以對記者談論這些事情，否認所有關於死者的消息。居民的痛已經消失，躲在她們對於政權的恐懼之後。幸福和悲傷都是一樣的，都屬於政府的財產。也有著價格。鄉村隱形的獨裁極其明顯、無所不在。政府已經說過了，你的小孩沒有死。不要再哭了。滄沙的人民只好不再為孩子而哭。

不久之後，自由終究會降臨中國。也許這本書發行的時候就已經來了。我相信這點：我的相信不是根據政治或是經濟，而是相信中國記者會被啟發，滄沙的母親和其他挪威人，對於失去孩童都應該有一樣的感受，不管有沒有哭泣，山西農民的夢想和德州農場工人沒有不同。在不久之後某一天，五分之一的人或許仍舊沒有自由，但也不需要再害怕半夜公安局的電話。中國將會擁有機會放下過去，驕傲地尋找未來的選擇。畢竟她的人民擁有的決心與犧牲的意志，將會解放創意，上千名超君將會力求優秀，超越只有一種思考的極限。那一天，中國才會變得偉大。

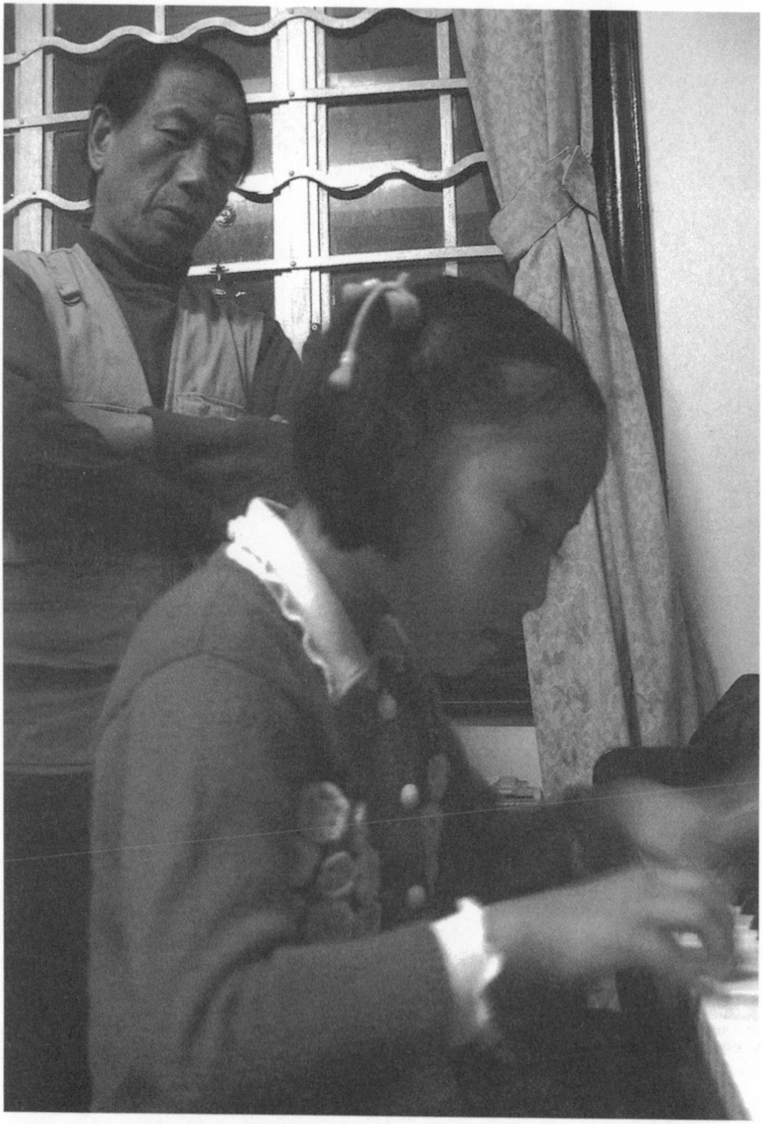

文翰

我在一九九八年十月擔任特派員時，首度抵達香港，我的第一間落腳處是一間小小的工作室，大約十坪，位在老貝利街（Old Bailey）的老維多利亞監獄對面，老鼠常常夜訪。從我的窗戶往外看，能見到囚犯和操場，囚犯大多是非法移民，他們想來這個亞洲的珍珠碰碰運氣。我看得見他們正在運動，或圍成一圈討論他們的悲慘命運，有時候，出於無聊，策畫一個小小的騷動以作為抗議的條件，這是一間從一八四一年在大英帝國時期就已經蓋好的監獄，之後很難再重新裝修了。大城市被一片混亂包圍，餐廳、酒吧和摩天大樓交雜其中，小監獄只能試圖不被摧毀，主事者還試著想要將它改建成一間購物中心。入口牆上寫著標語，它說明監獄的規定：囚犯禁止逃離；外人禁止在牆外停車。在我當特派員的第一年，我的學士帽被我拿來墊在塑膠餐具下，工作室內的冰箱永遠空空如也，一雙舊鞋就放在窗邊，它總和窗簾玩著遊戲。因為過於潮濕，一張木桌已經腐爛，我還有一個小酒櫃。這是一間布滿抓老鼠陷阱的工作室。但對於一個年輕的記者來說，已經準備好征服世界，這些足以符合他所需。報社才剛張羅好這間特派辦公室，我希望能盡量省錢，直到我可以說服老闆，亞洲是個值得一試的機會。

當我從東帝汶新婚回來後，卡門和我搬到賽摩街三十一號的公寓，可以遠觀維多利亞港。因為我為了工作提前結束蜜月，報社不能拒絕我要求租金加給提高。我的公寓在摩天大樓中，在山上，非常高，所以我可以看見香港的老鷹飛行。有時牠們直線加速飛向我的窗戶，直到被空氣捲走，消失在摩天大樓之間。我花了兩年試著捕捉這些奇特鳥類的照片，有時這些鳥宛如一瞬間就會撞上我的辦公室窗戶，但我總是太慢才拿起相機，或者這些老鷹總在最後一秒就飛走，不過我最後還是離開了這座沒有拍任何照片的公寓，搬去另外一間公寓，它就在香港薄扶林道的華人基督教墳場旁邊，然而我最終的落腳處在曼谷。

公寓外的風景變成香港下城區那充滿死亡的景色。隨著我的孩子出生，改變了一切，這裡在午後非常適合散步。里奇很喜歡在墳場漫步，那裡有努力工作的雕刻師，彷彿在進行外科手術一樣，還會出現中國典型的家族告別式。里奇認為我們有點瘋狂，「那些外國鬼！」我們其實沒有任何理由要住在死人旁邊。

「這裡在這座充滿壓力的城市特別安靜。」我曾試著解釋我有多喜歡這裡。

「是的，這裡很安靜。」他回答。「除了他們很生氣的時候。」

「誰？」我問。

「死去的靈魂啊！」帶著惡作劇的笑容。

香港薄扶林道的墳場已經荒廢多年，除非是日曆上的特殊節日，活著的人才會被死去的人多，平常這裡人煙罕至。那些日子，上千名香港人宛如遊行般聚集在墳場邊，排成直線，手上拿著和在墓碑上一樣的黑白相片。最忙碌的節日是重陽節，農曆九月九日，那時候會有許多中國人來追思已逝的人。還有一個習俗是中國人習慣燒東西給去世的人，當作送給往生者在另個世間的禮物。在儀式的過程中你可以去觀看並感受一下這座城市的脈動，而且再次確認沒有其他的文化，會比中國人更注重物質財產。人們燒紙錢，因為不願意來生變成窮人，燒車子，可能是法拉利或勞斯萊斯，因為這座城市最奢華的車就屬這兩種。他們燒各種房子，小的或大的，因為沒有任何東西比在這個擁擠的小城更令人景仰了。在一個異常炎熱的夏天，人們燒冷氣機這種小型複製品，反映香港最真實的困擾。那些在地獄已經結束這一世的人，會由衷地感激。

錢，車子，精美的房子，還有冷氣機，都很重要。當然在一五〇年前，香港不過是南中國海的角落，一個被遺忘的貧窮村落。在那個不重要的港口，大英帝國發現這塊基地，利用鴉片讓中國人麻痺，東印度公司與中國買賣鴉片，交換絲綢、白銀、玉、香料和其他東方的寶藏。某一個歷史的版本上說（也許只是稗官野史），一位清廷的官員林則徐，他決定中止與外國人的交易，將載滿2萬箱鴉片的大型貨櫃丟入海中，他不知道他的查緝反讓中國因此對世界打開了大門。英國抓住這個被羞辱的機會，擊沉破舊的船隊，開往南京，開心地接收了戰利品—香港。原本是永久割讓香港島給倫敦，但因為政治因素作罷，就像人生一樣，沒有甚麼是永遠。一九九八年十月一號，當我第一次降落在香港，上千名民眾慶祝國慶日，這是為了紀念中國共產黨，一年之前從英國手中恢復了主權。我凝望著可能是世界上最壯觀的景觀，看著港島中央閃閃發光的摩天大樓，金鐘和灣仔照耀著這個充滿芳「香」的「港」口，十分難以想像，因為這世界上沒有任何比鄧小平佔領香港這個更好的交易了。清廷北京認為割讓了一個人煙稀少的小島，是件微不足道的事，但是香港現在就彷如美國的東岸，充滿夢想與金錢的城市，世界上極少數能讓一個人早上一文不值，晚上變成百萬富翁的地方。所有那些摩天大樓，聚集地如此靠近，好像你可以直接摸到他們的窗戶，伸手觸到隔壁的大樓。這些大樓在最不可思議的地方矗立著，這象徵著金錢與權力的地方。香港，混雜著東方與西方的風味，傳統中式的房子，蹲踞在摩天大樓旁邊，顯得搖搖欲墜。街上的廚房竄出蒸氣，聞起來像煮麵的湯，傳統的皮匠和製作領帶的人在同一條街上工作，混亂的鄰里制度，陰暗、骯髒的街道，裝潢的噪音，一片混亂，眾聲喧嘩的皇后大道一所有醜陋的總和使香港成為一個無與倫比美麗的地方。

很長一段時間，香港就像是未開化沙漠的綠洲，對上千名中國人而言，能夠逃離日本佔據以及毛澤東的政治失能。但是她的門緊閉，香港是一個被禁止的夢。上千人坐船抵達香港，或是想要跨越邊界的查哨站，例如羅湖站，那是夢想的第一道門。最新抵達的人聚集在貧民窟，過了一段時間政府給他們蓋房子，加上具有傳統商業本能的中國人，終於從動盪地中國共產大陸解放了，自立自強。今日，大多數的香港人都來自這批移民，他們的父母親、祖父母和祖先。他們開始彼此競爭，但不是每個人都會贏。土地缺乏，加上野蠻的競賽，使香港在嚴峻的條件下，產生了新的香港人，他們發誓再也不要往回看。漸漸地，城市變得以商業為導向，更繁榮，更有效率，也缺少人情味，香港成為企業家的天堂，弱者的化糞池。生存的優勝汰劣，使新世界更進步。

有些人十分幸運，例如李嘉誠。到達香港的時候才12歲，今日已經是世界上最有錢的人之一。在香港不可能沒有李嘉誠銀行的帳戶，你購物的超市裡，有將近百分之五十的商品都是李嘉誠的，如果你開燈，李嘉誠的電力公司會寄帳單給你，買房子，你必須申請抵押貸款，這些都讓李嘉誠變得更有錢。

別人不見得就如此幸運了，張彼得20歲到了香港，到現在也一無所有。在大火之後，他失去一條腿，也失去當服務生的工作了。沒有錢就無法生活，被社會壓得喘不過氣來，沒有時間照顧其他的人，他不再租福全街二十四號四樓的房子。公寓分割成小小的籠子，一排有3格。所有的方格都一樣，比半公尺還高一點，一公尺半長，紙板鋪著地板，用鐵棒上鎖。彼得是上千名「蝸居人」中的一人，每天爬上自己的床。他們很慶幸自己至少有一張床，因為城市裡面一房難求，永遠有人說已經準備好要來佔領這個小地方。睡在彼得旁邊的是童先生，從未離開過這個籠子，因為很害怕把門打開會有人偷了他的東西，他其實只有一個老皮箱、鬧鐘，和一盒餅乾。他看起來像鳥，用雙手抱著膝蓋蹲坐著，像是一個悲觀的人待在鳥舍裡。

「你知道嗎？」就在一九九八年我來到香港之後，那是我遇到他的第一天。「我從未在這個地方丟下我的輪椅，我來這裡已經兩年，我很怕要是我走了，他們就會把我的籠居給別人了。」

是的，努力獲得成功，同樣也發生在中國，中國使香港的人權萎縮了。香港變成一個有錢人的城市，但為什麼我同樣覺得這座城很悲哀呢？為什麼會有這種感覺襲來，是因為第一次我看見香港人在機場候機室時的臉；當我坐在計程車上，看著他們通過擁擠的街道時，這種感覺更強烈，他們嚴肅地陷入思考之中，好像肩負著多重大的責任。在城裡發現幸福和貪圖錢財的一時之快，必須等到週日才看得到，週日上千名的菲律賓傭人在這天放假，占領市區，開心地跳舞，吃大排檔，並且歡樂地大笑。很奇怪，這些人應該最可憐，但卻看起來最快樂，而那些擁有一切的人卻看來如此不幸。

菲律賓傭人如果不是睡在廚房地板，通常只能住在很小的房間。他們拋下一切來這裡教養別人的小孩，時機不好的時候，看著政府減少他們的薪資，這座城市的最低薪，所以中國家庭才會請像他們這樣的僕人。他們犧牲了自己的生活，讓他們的孩子不用忍受像是應許之地那樣的苦。但他們在這座灰色之都卻是喜悅的，根據調查，全世界最快樂的人，不管科學的正確性與否，菲律賓人被認為是世界上最快樂的人。香港人的分數最低。貧窮、缺乏公平正義、貪汙和戰爭——你能想到的所有壞事，菲律賓都有——季節施展魔法，懲罰那座島嶼，但是大部分的菲律賓人都會說自己非常快樂。流行病災害研究中心認為這是一座最容易受自然災害攻擊的國家，但是菲律賓人會彼此互助，分享好與壞，享受家庭之樂，維持緊密的社會關係，所以才能知足常樂。應許之地的確很貧窮，但是沒有人聽過在那裡會很孤單。

另一方面，香港人長年困在不滿足的情境中，他們想要作為成功的一份子，所以一年十一天假已經很夠了——也許太多了，他們甚至禮拜六也會工作，沒有休息。在市區，你去購物根本不用行走在地面，因為大部分的購物中心都有天橋相連。人行道很窄，或者根本不存在，如果那裡沒有商家的話。誰會想要走在沒有商店的街道上？我在去不丹旅行的律上遇到二個Sony工程師，他們來自香港，為了開通不丹的第一個電視頻道。我們在山頂，在廷布河谷有著世界上最美的景觀，他們分開走，其中一個人深深嘆口氣，我豎起耳朵，希望是聽見對河谷的讚嘆。但是我聽見的是一長串的打哈欠，說道：「我不想待在這個地方了，這裡甚麼事情都不能做，連一個購物中心都沒有。」

在香港，你買甚麼就代表你是甚麼樣的人。買來的用途與原因都不重要，只要你將它買下：你前往購物中心買的物品就代表你的社會地位。這也是為什麼太太（中國人對不用上班的貴婦口語尊稱）和秘書小姐都會選擇去蒂芬妮買珠寶。對社會名媛來說，這是小錢，但是對祕書小姐，寧願每天去吃便宜餐廳，也要將一個月的薪水拿去買珠寶，只要能秀出來的，都不會太貴。在城裡有太多的工作機會，還有甚麼比不能把握機會，是更大的失敗？

我想在這個不可思議、令人景仰的旅程中，香港某些部分很奇怪。在她從一個不起眼的小漁村，高速轉型成為亞洲金融中心和經濟強權，這顆亞洲的珍珠在眾多的購物中心裡埋葬了自己的靈魂。城市填海造陸，在港口蓋起大樓和新的購物中心。這是一塊極少綠意的地方，永遠不可能贏過房地產交易。香港會使上所有力氣賺得更多，只要多一點，就會多很多。為了買更多，只要多一點，就會多很多。這代表著生活品質少一點，少一點，就會少很多。在城裡，一切都變得艱難、自利又冷漠。

庾文翰在這樣的冷漠裡消失了。

二〇〇〇年八月二十四日，文翰假裝跑離她的母親。以前他有玩過這樣的遊戲：小男孩跑了幾公尺遠，只為了感覺和庾黎慧玲分開一些，不管靠近或靠遠她都無所謂，只要確認他會回來就好。當文翰停下，可以開始四處又跑又笑，在遠處等他媽媽來抓他，他會帶著微笑對媽媽說不用擔心，他只是四處晃晃而已，這時遊戲就結束了。

母親和兒子從油麻地搭地鐵的電梯進入月台，文翰往前站了幾步，和人群交錯，他抓著手扶梯停了幾秒，回頭看看媽媽，媽媽正試圖往前。但是手扶梯又帶著文翰往前，其他旅客則擋住庾媽媽的路。就在下降到月台地面時，兒子消失在眼前的視線。

「文翰待在原地！不要亂跑！」

一輛列車這時進站停下，門打開，文翰決定繼續玩著這個遊戲。他走進車裡，廣播說了下一站的名字，門關上。庾媽媽靠近車子想要從車窗找尋他兒子，邊哭邊求有人可以把門打開，但是車依舊開走了。

文翰失蹤了。

公務員的庾先生和家庭主婦的庾太太生下文翰之後，認為他們兒子的內向，應該是遺傳媽媽害羞安靜的個性。他們沒有想過他可能患有自閉者，直到他三歲，小他一歲的弟弟開始說話，他們才想到怎麼沒有聽過文翰說話。過了幾年治療，無止境的課程輔導和訊連，小男孩只願意說兩個字，文翰。雖然已經十五歲，溝通技巧大約只有二歲，生理發育年齡如同他的年紀。他們已經開始接受必須照顧他兒子的事實：命運造成他現在的樣子，他永遠無法成功。現在是他第一次失蹤，誰來照顧他？

文翰沒有踏上任何一班地鐵：他踏上的是夢裡的地鐵，通往最後一站羅湖站，沒有人知道，自閉症男孩要做甚麼，為什麼與大家的方向相反。每天有上千名中國人都想來香港，文翰卻朝邊界方向，但這不是分開的兩個國家，有一條線註明著「一國兩制」。鄧小平承諾柴契爾夫人，中國會尊重曾被殖民過的香港一切事務。

自閉症男孩在羅湖站下車了，跟著人群往邊界的查哨站移動。中國官員拒絕讓他進入，認為他是香港公民，要把他送回去。香港官員認為他是中國來的移民，把他戴上手銬，審問他幾小時，最後看見他對於起訴內容保持沉默，就當作他默認，因此又把他送往中國。文翰處在地獄的邊緣，被困在一國兩制當中。

「你還是不想說話嗎？」值班警官問。「你很幸運，我們不會強迫任何人在這裡說話，不像你來的那個地方。你現在在另一個政府，你懂嗎？」

文翰在無人的時候開始哭泣，又餓又喪氣，不知道如何才能回家，也不知道該怎麼說到底哪裡有問題。沒有人知道下一步該怎麼辦，然而文翰就被送去深圳了，那是第一個與香港最近的城市。就像香港一樣，深圳曾是一個小漁村，也像香港一樣，它變得高度現代化，成為消費型的大都會，摩天大樓和大型購物中心比比皆是。這兩座城市聯合創造了一條臍帶：香港商人發現隔壁的城市，適合窩藏中國文化傳統的二奶。香碧凌村離火車站很近，公寓裡的女人由中年男人供養，他在邊界另一邊也有自己家庭，同樣的國家，不同的城市。當這些關係中的小孩開始宣稱要去父親城市居住，擁有自己的權利，他們便質疑這種嚴格的中港形式。這些形式由公共行政和地理學的專家仔細檢視，或者是由政客和外交官？但是它從來都不是設計來作為適應人心的改革。哪一種制度可以適合庶子？

在深圳，已經大規模搜尋文翰好幾天了，他在香港政府那裡所受到的待遇，在媒體上成為一個醜聞。超過七千名警力幾乎要翻遍整座城，到處都貼著他的照片，希望得到當地人的協助。他的母親親自寫下一段話：香港的失蹤男孩。名字叫做文翰。他一六八公分高，牙齒健全，心智障礙。如果看到他抽蓄，用他右手食指去輕拍他的左手。二千年八月失蹤。現在在中國大陸。可能比照片還瘦，穿著舊衣服或可能沒有穿衣服。如果有任何消息請幫我們找到他……。

庾家無法繼續在他們樂富區的狹小公寓等待，這是大量集合住宅中的一個小屋，看起來就像是人類的蜂巢。庾太太決定搬去深圳加入搜尋的行列。幾小時之後到了深圳的旅館房間，有人敲她的房門：「我有關於你兒子的消息。這樣沒有用的。快回去香港，不要再悲傷了而且也不要再找了。文翰死了。」訪客告訴她，公安發現文翰在深圳街上遊蕩，把他拘留之後折磨至死，因為他不肯透露姓名。就像香港警察一樣，以為他不說話一定是有事情在隱瞞。他們打了他好幾個小時（你很幸運我們不會強迫任何人在這裡說話，不像你來的那個地方），當他躺下去之後，他們把沒有意識的文翰帶往醫院，幾小時之後就死了。為了害怕報復，他們把屍體焚燒，掩埋了所有的證據。

「回去香港吧。」他回去之前再重複了一次。「我不能再告訴你更多事情了，或者告訴你我是誰，因為我已經很為難了，我只是希望你可以知道事實真相。」

庾黎慧玲決定不要相信神秘訪客的版本。她回去發動了在中國大陸的搜索行動。這是很困難的任務，因為有一・三億人口，是西班牙人口的十五倍。那些年她走遍中國，蒐集新的資訊，研究地圖，在遙遠的城市和官員及警察討論。有一些目擊者說在內蒙古有看過文翰，無論是開往西部的卡車，或是往北京的火車，甚至在西藏都有可能。有人說他已經成為器官販賣的犧牲者，其他人說可能已經加入深圳的犯罪集團，其他人說他吸毒，住在廣州的貧民窟。每一通充滿機會的電話，都要求付錢才肯說。

黎慧玲永遠歡迎這些會面，就像盲目的約會一樣，但是那些人從來沒有出現過。她的心裡有著平靜的矛盾：她究竟要拋棄那個在深圳旅館的假設，認為這是不可能的事情，還是堅持相信這些漫無邊際的傳言，硬說文翰還活著。

她的兒子失蹤四年之後，庾太太仍然堅持當一個充滿愛的母親。她走遍十八個中國的省份，一二〇座城市，上百個鄉村。她是一個瘦小的母親，因為破碎的靈魂讓雙眼失去希望，她無法忍受內心的折磨，是如果那天在油麻地地鐵站可以跑快一點追上他，如果她可以阻止這個無聊的遊戲，所有的事情就不同了。

幾年之後，痶家抽屜、櫃子和壁龕都清空，轉而被許多東西塞滿，只為了放那些相關的搜索文件、報導和照片。公寓變得很像私人偵探的辦公室。客廳裡最大的那面牆上，掛了一幅超大的中國地圖，標註著痶太太曾經去過的地方，還有其他地方必須去看，還有一些地方她得再去一次。在她就寢前，她看著床頭櫃上的筆記本和電話簿，裡面寫滿中國主要城市聯絡人的電話，這些電話是半個中國所有各公安單位負責人的名字和電話。

「這國家實在太大了。」她指著地圖說。「太龐大了。」

咖啡桌上，一打的相本中放滿中國城市上百張失蹤兒童的相片。大部都有骯髒的頭髮、失明還有破舊的衣服，但都還活著。

「即使看他們這些樣子讓我悲傷，但仍然給了我希望。」瘐太太這麼說。「因為假如他們在街上都能夠活下去，為什麼文翰不行？」

每過一段時間，不同地方的警局打電話給她，說發現男孩了，可能是文翰。慧玲立刻收拾好行李，匆忙出發，當她蹣跚地走進去那間不知名的警察局，她無可避免地又發現這不是她的兒子，只是另一個失蹤的男孩。回家之後，垂頭喪氣地等待下一通電話。瘐太太去過火車站和購物中心，張貼海報，宛如寫信給陌生人：而她的兒子永遠不可能讀到，她只能靠想像力做這些事。「文翰，你在哪裡？媽媽很想你。趕快回家。」

一年的雨季大約三次，政府宣布文翰的案子即將結案，願意付給瘐家很好的賠償，懲戒那些讓男孩通過邊界到中國的失職人員。每天有超過兩千人越過羅湖站，為什麼文翰在那裡哭泣，不知道該如何回家？沒有人願意停下腳步幫助他呢？因為這是一座充滿機會的城市，沒有人願意等任何一個人。所有的事情都講求迅速：速食、快速成交，結婚也很快——去市政府十五分鐘辦好，緊接著換下一對。你必須越快越好，這麼快為了甚麼？不重要。你必須盡快往前，不停地往前直到終點。

幾年之後，文翰的事件已經在港民的記憶裡慢慢消逝，所有人都學會要往前看。媒體只有在這個自閉症男孩失蹤周年才記得。有幾個記者出現，問幾個問題，刊出一小段篇幅說「文翰的母親仍然苦苦等待兒子」，之後就沒有人再想起這件事了。失蹤7周年的時候，司法宣告瘐家的兒子已經法定死亡。

「我不在意。」他的母親說，手上拿著文翰離開前一天的照片。「我的兒子死了，也只是因為幾張紙這麼寫而已。我知道他一定在某處。他們跟我說哀傷會隨著時間消逝，但時間過去了，我卻更想念他，他的種種過往更加清晰，我更強烈地覺得我需要找到他。」

至少在痾家，文翰還活著。床鋪整理過，上面有乾淨的床單和放在枕頭下的睡衣，他們希望也許晚上他會來睡覺。床單上，放著紅包，象徵著好運。對於迷信的中國來說，運氣可以改變一個人的命運，這驅使著我們活下去。出生的特定號碼和房子的方向，可以改變所有的事情，無論好或壞。這就是為什麼這座島嶼有上百萬人，付錢要買車牌的幸運數字，甚至大家相信如果蓋摩天大樓前，沒有給風水師父看過方位，沒有聚集和協調宇宙能量，將會帶來厄運。懷孕婦女會努力做些事，讓他們的小孩誕生在吉祥的年份；結婚要選一個幸運的日子，才可以避免離婚。中國人相信運氣甚於相信任何人，我常覺得很奇怪：我看見大都市辛勤工作，推向他們朝目標和信念前進，但又充滿迷信的矛盾，最後，命運取決於月亮的位置。枕頭上的紅包可以達成多年追尋的夢想，讓文翰回家嗎？還是那個神祕的人向慧玲所說的一切，都是事實，所有的努力都徒勞無功？或者像他母親在夜裡夢迴所想的將能成真？

也許，那天的黃昏，最後一個香港人穿過邊界回家，其中一個中國移民官可以發現文翰蜷曲在餐廳桌子下面，就在火車站三樓，然後決定把他帶給他的長官。在中國的階層倫理，沒有人可以不問過長官做決定，即使是一個連長官都不算的資深人士。

「有聽到嗎？」負責的官員會問。「如果你現在說話的話，我們可以給你東西吃。你從哪裡來的？你是誰？你的父母親在哪裡？」

如果長官放棄，急著回家，命令下屬避免讓文翰惹麻煩，這一切就會改變了。在深圳，他曾流浪過幾天，住在餐廳的垃圾堆，從中國暴發戶那裡得到憐憫，直到街上的兒童集團逮住他。他加入了他們。每一年，打擊犯罪比賽盛行，中國政府逮捕一些罪犯，將他們從鄉間緝拿，鄉間又需要便宜的勞工去造路，或者是興建大型的公共建設。所以文翰可能被送去幫新中國鋪高速公路了，之後發現上海有工作，又蓋摩天大樓，那裡的人們，已經不想再越過邊境抵達那個充滿香氣的港口，因為現在中國已經是一個充滿機會的地方了，下一場成功競賽已經準備開始了。記住，沒有任何人能贏。沒有時間往後看，停止悲傷，繼續過日子。或許文翰從事建築工作一陣子，變成一個成熟的男人，加入船隊，越過南中國海，四處旅遊，永遠都很沉默，經過遠東的古城時，太陽再次升起，到了一個喜歡叫囂惹事的地方。

是的，有千百種可能會發生在文翰身上。

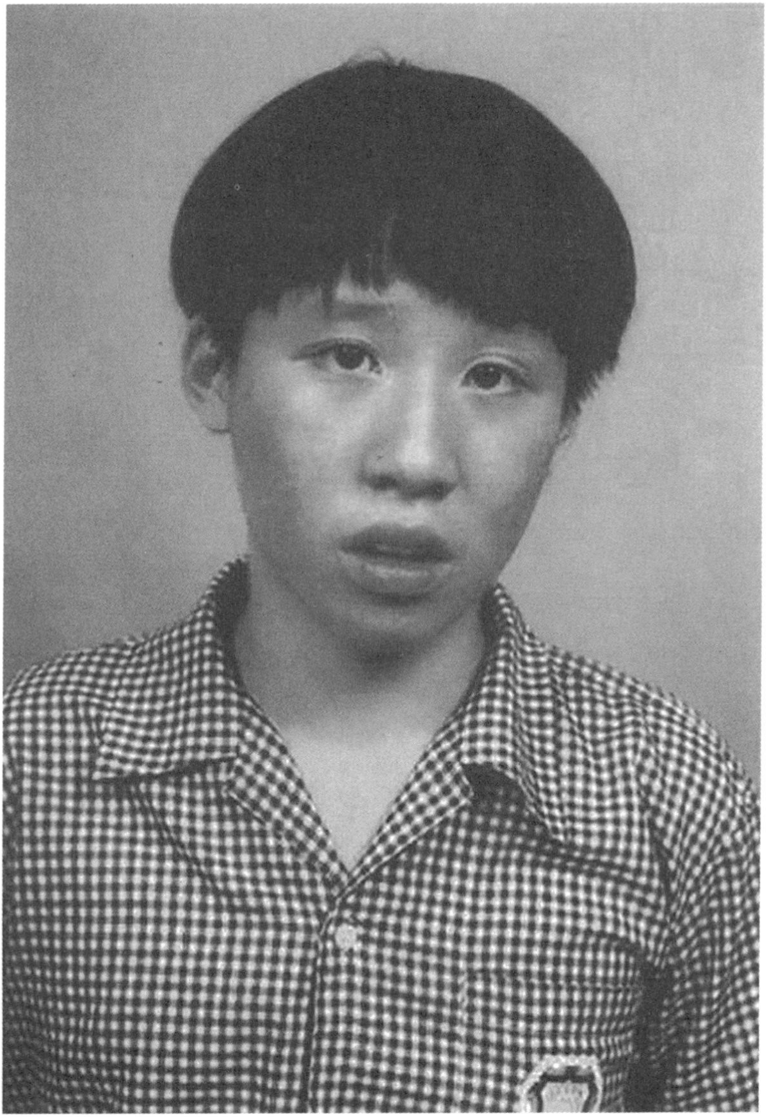

後記

痍家筋疲力竭地尋找他的兒子，這種精神就像我曾在亞洲其他地方看過一樣。亞洲習慣將悲劇無可避免地成為人生中的一部分，習慣某一種模式，一次又一次地循環，然後往前，願意犧牲個人以成全大局。這是應許之地居民的精神，它們努力想讓垃圾之城變成體面之地；阿富汗只能以堅強的韌性，面對這麼多殘酷的戰爭，沒完沒了的戰爭。中國努力想在世上爭一席之地。東帝汶人在面對印尼佔領時，生來就有不願意被征服的尊嚴。北韓難民準備好抵抗黑暗，試圖逃離以尋找光明。印尼學生面對雅加達街上的坦克，挑戰一個極權的思考方式，願意為明天的民主犧牲，也許他們永遠沒有機會看到的一天。緬甸村落居民重新建造房子，但是軍隊在夜裡又燒光。印度父母縮衣節食，好讓小孩能念書；母親吞下眼淚，當他發現印度洋海嘯帶回孩子的屍體，在受苦的時候，臉上還是會盡力維持某一種費解的尊嚴。在面對巨大痛苦時，個人的情感難道已經失去意義了嗎？當你耽溺於自己所失去時，你的鄰居也同樣失去了一些，甚至更多的時候，這樣會比較公平嗎？

每當我從任何地方回來，我常自我反省，檢視我自己的反應，想想是否擁有一些我曾在路上碰過的人的精神。在我有時間調整心情之前，人們那些微小的困難——他們的抵押品，他們的工作，他們沉重的決定，只為了下一趟旅程——命運開始吹起悲劇的號角，人們可能因為戰爭或是自然災害而失去一切。我可以在戰禍連連的阿富汗吃早餐，在富裕的香港吃晚餐，在一個被死亡蹂躪的地方出發的班機上，立刻睡著，從另外一個充滿美好人生的地方醒來。從最落魄的地方，到一個購物中心享受平凡周日，哪一種你覺得比較好？在每一趟旅程之後，我覺得我應該要把我所見之物都藏起來，害怕我經歷過的一切會玷汙了我身邊美好的世界。

就像文翰，我覺得我該保持沉默。

曾經我很迫切地想再次去看看，那個穿著粉紅色洋裝充滿勇氣的小女孩，她曾鼓舞了金邊俄國醫院的病人；在寒冷夜裡的蒙古烏蘭巴托，那些活在地底下小孩的人性溫暖；益喜的毅力用在無止盡的旅途上，即使常常遇到內心的糾結；還有文翰父母親對兒子的執著。這是唯一我可以在回去的時候，讓我深深地反思，想想我在年輕的時候，那些在東方的所獲得的一切。那裡每年都有季節的魔法，無從得知何時開始，得由老天決定夢想是否能夠實現。或許，是下一個雨季吧。

雨季的孩子

Children of the Monsoon

作者 大衛・希門內斯 David Jiménez
譯者 林品樺
編輯 李欣蓉
木馬文化社長 陳蕙慧
副總編輯 李欣蓉
行銷部 陳雅雯、尹子麟、姚立儷、洪啓軒
讀書共和國社長 郭重興
發行人兼出版總監 曾大福
出版 木馬文化事業股份有限公司
發行 遠足文化事業股份有限公司
地址 23141新北市新店區民權路108-3號8樓
電話 (02)22181417
傳真 (02)22188057
郵撥帳號 19588272木馬文化事業股份有限公司
法律顧問 華洋國際專利商標事務所 蘇文生律師
印刷 成陽印刷股份有限公司
二版 2020年06月
定價 300元

國家圖書館出版品預行編目(CIP)資料

雨季的孩子 / 大衛.希門內斯(David Jimenez)著；林品樺譯. -- 二版. -- 新北市 : 木馬文化出版 : 遠足文化發行, 2020.06

面； 公分

譯自 : Children of the Monsoon

ISBN 978-986-359-792-6(平裝)

1.文化不利兒童 2.社會階層 3.亞洲

544.643 109004379